Chinesisch kochen

mit
Sim Siok Mei

Mosaik Verlag

Einbandgestaltung: Rotraud Berner
Titelfoto: Studio Teubner, Füssen
Layout und Zeichnungen: Gaßner & Bischoff, München
Rezeptfotos: Studio Teubner (4), Jahreszeitenverlag (2), René Lauert (2)
Redaktion: Ulla Jacobs

© 1976 Mosaik Verlag GmbH, München / 5
Gesamtherstellung: Mohndruck Graphische Betriebe GmbH, Gütersloh
Alle Rechte vorbehalten – Printed in Germany
ISBN 3–570–02286–2

Inhalt

Einleitung

Die Anfänge der chinesischen Kochkunst, das Bemühen, die Nahrungsmittel, wie die Natur sie bietet, durch Zubereitung schmackhafter, bekömmlicher oder überhaupt erst genießbar zu machen, verlieren sich im Dunkel der chinesischen Vorgeschichte. Kaiser Fu-Hsi soll vor 5000 Jahren seinem Volk das Kochen von Nahrungsmitteln gelehrt haben.

Ein Weg über Jahrtausende. Vom primitiven Ernähren mit Wurzeln, Kräutern und Früchten zum einfachen Bereiten des Fleisches mit Feuer und weiter bis zum raffiniert gegarten und gewürzten Gericht aus vielerlei Zutaten. Auf diesem langen Weg wurde das Kochen allmählich zur Kunst mit der ihr eigenen schöpferischen Kraft – auf der Grundlage allmählicher Kenntnisse über den natürlichen Umwandlungsprozeß bei der Zubereitung von Speisen und die Zusammenhänge von Würzen und Garen mit all seinen Einflüssen auf den Geschmack.

Es ist erstaunlich, welche Speisen es zu Beginn der chinesischen Geschichte gab: Pasteten, Gänsebraten mit verschiedenen Gewürzen, Taubensuppe, Silberkarpfensuppe, Knusperhörnchen mit Fleischfüllung, Hammelfleisch mit Dilltunke und Knoblauch, gefüllte Kohlblätter, und man trank süßen Wein und Tee mit Gebäck.

Die Einflüsse auf die Entwicklung der chinesischen Kochkunst kann man für die Zeit vor der Tschou-Dynastie nur vermuten. Sicher hat aber der vorderasiatische und indische Kulturkreis eine gewisse Rolle gespielt. Daß man sich dort sehr früh mit der Kochkunst befaßte, geht schon daraus hervor, daß bereits im 6. Jahrhundert v. Chr. das erste Kochbuch in Sanskrit geschrieben wurde. Das erste deutsche Kochbuch erschien 1495, handschriftliche Aufzeichnungen etwa 100 Jahre früher.

Über die spätere Entwicklung nach der Tschou-Dynastie wissen wir genaueres. Konfuzius schrieb Anweisungen und Empfehlungen über die Zubereitung von Speisen nieder. So z. B. über das Zerkleinern von Fleisch, das sorgfältige Würzen, das korrekte Decken des Tisches, über das Polieren des Reises. Er empfahl, nur frisches Gemüse zu verwenden. Auch Lao Tse, der für naturnahe Lebensweise eintrat, beeinflußte in dieser Richtung die chinesische Küche.

Tempelrituale bei Speisenopfer, Aberglaube, aber auch frühe medizinische Erkenntnisse über gesunde Ernährung blieben nicht ohne Einwirkung auf die Gestaltung der chinesischen Küche.

Der Buddhismus, der in seiner orthodoxen Form das Töten von Tieren zum Zwecke des Verzehrens verbietet, hat seine Spuren hinterlassen und zweifellos dazu beigetragen, daß in China weit mehr Gemüse gegessen wird als bei anderen Kulturvölkern.

Durch die in der Vergangenheit immer wiederkehrenden Hungersnöte, hervorgerufen durch Naturkatastrophen und Kriege, hat der Chinese frühzeitig gelernt, die vorhandenen Rohprodukte optimal auszunutzen. Und man sagt von ihm mit Recht, er sei genügsam. Das besagt aber nicht, daß er keinen Wert auf gutes Essen legt. Im Gegenteil! Für ihn war das Essen immer schon wichtiger als Wohnung und Kleidung. Und das Essen ist für ihn nicht nur Nahrungsaufnahme, um den Magen zu füllen, sondern die Sinne ansprechender Genuß, Tafelfreude.

Man kann bei der Entwicklung der chinesischen Kochkunst nicht von einem Höhepunkt der Eßkultur sprechen, wie es beispielsweise in Mitteleuropa von der Renaissance bis ins 18./19. Jahrhundert der Fall war. Es gab auch nicht die Zeiten hemmungslosen perversen Fressens und Saufens römischer Cäsaren. Die Entwicklung war stetiger und ohne Auswüchse. Heute noch ist sich der Chinese des lebenswichtigen Wertes der Nahrungsmittel bewußt und wird schon von klein auf dazu erzogen, diesen Gaben der Natur mit Respekt zu begegnen und sie nicht unsinnig zu verschwenden. Bei dem Traditionsbewußtsein und der Mentalität der Chinesen ist zu hoffen, daß noch lange Zeit dieser Respekt erhalten bleibt. Auch ist noch nicht zu befürchten, daß die Kochkunst und Eßkultur in China allmählich verdrängt wird und an diese Stelle das bloße Füllen des Magens mit industriellen Massenprodukten tritt.

All die genannten Faktoren haben die chinesische Küche geformt und zu ihrer beachtlichen Differenzierung beigetragen. Sie ist logisch durchdacht, wohlschmeckend, bekömmlich. Und sie berücksichtigt längst das, was man heute als neue ernährungswissenschaftliche Erkenntnisse betrachtet. Deshalb ist es nicht verwunderlich, daß sie außerhalb Chinas immer mehr Anhänger findet.

Die Gerichte in diesem Buch können alle mit den hier erhältlichen Zutaten zubereitet werden. Die Rezepte stellen einen sorgfältig ausgewählten repräsentativen Querschnitt durch die äußerst vielfältige chinesische Küche dar. Sie sollen nicht nur den Neuling mit der chinesischen Kochkunst vertraut machen, sondern auch der Tafel des anspruchsvollen Feinschmeckers zusätzlich Abwechslung bringen.

Bitte fangen Sie nicht gleich mit den Rezepten an, sondern lesen Sie sich erst die folgenden Seiten durch. Sie erhalten interessante Informationen und praktische Tips, damit Sie die Grundzüge der chinesischen Küche verstehen und damit Ihnen die Rezepte auf Anhieb gelingen. Ich wünsche Ihnen viel Erfolg und schließe mich Konfuzius an, der sagte: »Ein kleiner Anfang kann ein großes Ende geben.«

Sim Siok Mei

Die Regionen der chinesischen Küche

Die chinesische Küche kann man hinsichtlich der ursprünglichen Zubereitungstechnik, der hauptsächlichen Arten von verwendeten Lebensmitteln und des Würzens in drei Zonen einteilen.

1. Die Küche des Nordens oder Pekingküche,
2. die Küche der mittleren Provinzen,
3. die Küche des Südens oder die Kantonküche.

Die Küche der mittleren Provinzen könnte man nochmals unterteilen, und zwar in die Setschuanküche der westlichen Provinzen (Setschuan, Yünnan, Kweitschao, Hupeh, Hunan) und die Schanghaiküche der östlichen Küstenprovinzen (Tschekian, Fukien, Kiangsi, Kiangsu).

Diese haben jedoch vieles gemeinsam, wenn man von der Tatsache absieht, daß in Setschuan scharf gewürzt, in Teilen Tschekians stark gesalzen und in Fukien gern Zucker verwendet wird.

Natürlich lassen sich die Arten der chinesischen Küche nicht genau abgrenzen, es gibt allmähliche Übergänge von einem Charakteristikum zum andern, und die Konturen haben sich besonders in den letzten Jahrzehnten verwischt. Außerdem sind chinesische Köche sehr flexibel, lieben das Experiment, so daß immer wieder auf der Basis traditioneller Gerichte Variationen entstehen.

Am besten kann der Kenner der chinesischen Küche diese Tatsache in den Chinarestaurants des Auslandes beobachten. Die Köche passen sich meisterhaft den lokalen Gegebenheiten an und sind um keine Improvisation verlegen, ohne jedoch die althergebrachte Grundlinie zu verlassen. Durch die dem Chinesen angeborene Assimilationskraft machen sie das Fremde chinesisch.

Pekingküche

Peking ist seit dem 12. Jahrhundert die Hauptstadt Chinas, der Sitz des Kaiserhofes, das geistige und kulturelle Zentrum. Die besten Köche Chinas wurden an den Hof geholt. Kein Wunder, daß sich da eine elegante, kultivierte Küche entwickeln konnte. Peking wurde eine Art kulinarisches Zentrum und Repräsentant der chinesischen Küche, wenn auch die Kantonküche außerhalb Chinas die bekanntere ist.

Der nördliche Teil Chinas hat ein rauheres Klima mit kalten Wintern. Die Gerichte sind daher kalorienreicher. Etwas fetteres

Fleisch, sei es Schwein oder Geflügel, ist nicht so verpönt wie im Süden. Der Norden ist das Geburtsland der Teigwaren, die von dort die ganze Welt erobert haben. Natürlich wird auch Reis gegessen, aber bedingt durch den dortigen Getreideanbau, liegt das Schwergewicht doch mehr auf Mehlprodukten.

Da gibt es die geschnittenen Eiernudeln in allen möglichen Breiten. Berühmt und beliebt sind die verschiedenen Arten von gefüllten Nudeln, am bekanntesten die Won Tan, Tschao Tse und Frühlingsrollen. Sie sind in ganz China verbreitet und unterscheiden sich nur in der Füllung, die eben auf den lokalen Geschmack abgestimmt ist.

Und da, wo es nichts zu füllen gab, haben die Südchinesen die vom Norden auf ihre Art kopiert, und diese schönen langen »Lebensnudeln« einfach aus Reismehl gemacht. Pfannkuchen und gedämpfte Brötchen – eine Art Dampfnudeln – gefüllt oder nicht, sind ebenfalls ein Kind der uralten Pekingküche, und nicht zuletzt die berühmte Pekingente.

Die Gerichte der Pekingküche sind die aufwendigsten und raffiniertesten, von der Vorbereitung bis hin zum Anrichten und Garnieren. Dies war zweifellos die Ausstrahlung des kaiserlichen Hofes, der in dieser Hinsicht die höchsten Ansprüche stellte. Die Gerichte sind von kräftigem, würzigem Geschmack. Es wird fast ausschließlich dunkle Sojasoße verwendet, und Knoblauch ist eine beinahe selbstverständliche Zutat.

Ausgangspunkt der nördlichen Küche waren die Provinzen Hopeh und Schantung, wobei natürlich mongolische Einflüsse

nicht von der Hand zu weisen sind. Es gibt Topfgerichte, deren Zubereitungstechnik eindeutig auf Kochmethoden von Nomaden hinweist. In ihrem Grundprinzip erhalten, wurden sie lediglich durch regional übliche Gewürzzutaten verfeinert.

Die Küche der mittleren Provinzen

Die riesige Zone dieser Küche, deren markanteste die Setschuanküche ist, umfaßt die Provinzen beidseitig des Yang Tse.

Am Oberlauf, in den Provinzen Yünnan und Setschuan, waren schon im alten China die wichtigsten und größten Salzvorkommen des Landes. Auch im Mündungsgebiet des Flusses wurde Salz gewonnen. Der Yang Tse war die Salzstraße Chinas. Hauptumschlaghäfen waren Hangtschao und Ningpo. Salz war ein wichtiger Rohstoff, der Kaiser erhob eine Salzsteuer und gegossene Salzstückchen hatten in diesen mittelchinesischen Provinzen geldähnliche Funktion mit einem festgelegten Wert.

Schon im alten China entdeckte man dort, daß man Gemüse und Fleisch mit Salz konservieren kann. Diese Entdeckung war für die häusliche Vorratswirtschaft äußerst wichtig, denn in den westlichen Provinzen gibt es nur eine Ernte im Jahr. Dies hat natürlich die Küche dieser Provinzen beeinflußt.

Sie nimmt für sich in Anspruch, die am schärfsten gewürzte Chinas zu sein. Setschuanpfeffer, Chili und Pfefferschoten finden reichlich Verwendung. Die meisten süß-sauren Gerichte haben dort ihren Ursprung. In dieser Gegend werden auch heute noch die gesalzenen, sauren und süß-sauren Gemüsekonserven hergestellt. Aus der Provinz Yünnan kommt der in ganz China berühmte Schinken.

In der Provinz Hunan, der Reisprovinz Chinas, wird fast noch schärfer gegessen als in Setschuan. Man kann darüber streiten, ob die Hunanesen so scharf essen, weil sie, neben Reis, sehr viel Pfefferarten anpflanzen, oder ob sie umgekehrt diese scharfen Gewürzpflanzen kultivieren, weil sie es lieben, scharf zu würzen.

Fische sind dort nicht so im Überfluß vorhanden, wie in den östlichen Gebieten, dafür sucht der hausgemachte Hunanschinken neben dem aus Yünnan seinesgleichen in China.

Typische Gerichte dieser Region sind: Setschuanente, Gebratene Bohnen, Fisch mit würziger Soße.

Auch die Küche der östlichen Provinzen hat ihre durch verschiedene Einflüsse hervorgerufenen Eigentümlichkeiten. Das Seengebiet von Wuhan bis zum Unterlauf und Mündungsgebiet des Yang Tse ist reich an Fischen und landwirtschaftlichen Produkten. Von dort kommen die delikatesten Fisch- und Gemüsegerichte. In den Provinzen Kiangsu und Tschekiang ist das Rotkochen, d. h. das langsame Kochen in Sojasoße mit Gewürzen, zu Hause. Es wird dort mehr gesalzen, besonders die Gegend von Ningpo ist bekannt wegen ihrer stark gesalzenen Gerichte. Typisch ist jedoch auch der reichliche Gebrauch von Zucker, vermutlich als Ausgleich für den Salzgehalt der Speisen, der von den Konservierungsmethoden herrührt.

Die Köche und Hausfrauen der Küstengebiete sind auf ihre Art, wie überall auf der Welt, Spezialisten für die Zubereitung von allerlei Seegetier, und die Schanghaier Fischgerichte zählen bestimmt nicht zu den schlechtesten in China. Die besten Bambussprossen kommen aus dieser Gegend.

Auch weiter südlich, in der Provinz Fukien, versteht man hervorragende Fischgerichte zuzubereiten. Aus Fukien kommt eine ausgezeichnete Sojasoße, die in ganz China begehrt ist und die die gesamte chinesische Küche beeinflußt hat.

Eine weitere charakteristische Zutat Fukiens ist Rotweinpaste, die zur Zubereitung von Fleischgerichten verwendet wird. Typische Gerichte dieser östlichen Provinzen sind Hangtschaugarnelen, Gebratener Reis mit Krabben, Löwenköpfe, Schweineleber, Amoy-Frühlingsrollen und Nudelsuppe.

Allgemein kann man sagen, daß im Gegensatz zu ihren südlichen Nachbarn die Chinesen der mittleren Landesteile ihre Gerichte etwas mehr gegart wünschen, unabhängig von der jeweiligen Kochmethode.

Kantonküche

Die Küche der südlichen Region dürfte wohl außerhalb Chinas am bekanntesten sein. Vielleicht deshalb, weil ein Großteil der chinesischen Emigranten aus dem Süden stammt und somit auch die meisten Chinarestaurants in Europa und Amerika von Kantonesen geführt werden.

Das Gebiet hat subtropisches Klima und ist reich an einer Vielfalt landwirtschaftlicher Produkte. Geflügelzucht und das nahe Meer tragen dazu bei, daß die Kantonküche die abwechslungsreichste Chinas ist.

Die Südländer sind der Meinung, daß die Nahrungsmittel so naturnah wie möglich verzehrt werden sollen. Das heißt, der Kochprozeß soll so sein, daß der ursprüngliche natürliche Zustand weitgehendst erhalten bleiben soll. Dies ist zweifellos dem Einfluß des Taoismus zuzuschreiben, der mit seiner Naturphilosophie im Süden vorherrscht. Deshalb das Charakteristische der Kantonküche: extrem kurze Zubereitungszeiten durch Pfannenbraten und Fritieren.

Von den längeren Kocharten wird noch das Dämpfen akzeptiert, weil dies den natürlichen Geschmack am besten erhält. Nichts regt den Kantonesen mehr auf, als ein verkochtes Gericht, besonders wenn es sich um Gemüse handelt.

Gewürzt wird mit Bedacht. Die Würzbeigaben überschreiten nie das allernotwendigste Maß, um den Eigengeschmack der Hauptzutaten dominierend zu erhalten und dem Gericht höchstens den nötigen Akzent zu geben.

Nach den heutigen ernährungswissenschaftlichen Erkenntnissen dürfte die Kantonküche wohl die gesündeste und bekömmlichste der chinesischen Regionalküchen sein.

Die praktische Chinaküche

Chinesische Lebensmittel

In den Hauptnahrungsmitteln unterscheidet sich die chinesische Küche wenig von der des Westens. Neben Reis und Teigwaren wird viel Gemüse gegessen. An Fleischsorten gibt es Schweinefleisch, Rindfleisch, im Norden und Westen noch Hammelfleisch, viel Geflügel, Fisch und sonstige Meerestiere.

Milchprodukte gibt es fast nicht, da es nie eine nennenswerte Milchwirtschaft gab. Rinder wurden vorwiegend als Arbeitstiere gezüchtet, und die Milch wurde höchstens als Getränk verwendet. Nur in den westlichen Grenzgebieten spielen Milchprodukte eine größere Rolle, und bei den Mongolen sind sie eines der Hauptnahrungsmittel. Die Tibeter oder Mongolen sollen ja die Herstellung von Butter erfunden haben. Kublai Khan hielt sich in Peking zehntausend Stuten, deren Milch als eine Besonderheit nur bei Hofe verwendet werden durfte. Aber nicht einmal die Zeit der Mongolenherrscher übte in dieser Hinsicht einen so starken Einfluß aus, die Chinesen zur Milchwirtschaft zu bewegen.

Daß die Chinesen Würmer und dergleichen Dinge essen, sind natürlich Märchen. Gewiß gab es im alten China Hundeschlächter, und es wurden Dinge gegessen, vielfach als Naturmedizin oder aus religiösen Gründen, die nicht gerade europäischem Geschmack entsprechen. Heute gibt es jedoch höchstens noch Dinge, die vielleicht auf den Europäer so wirken wie ein gut »duftender« Käse auf einen Chinesen.

Europa hat seit der Berührung mit dem Reich der Mitte eine ganze Reihe von Gerichten und Kulturpflanzen übernommen. So sind beispielsweise Nudeln und Ravioli keine italienische Erfindung, sondern wurden, wie noch viele andere Gerichte, von Marco Polo aufgezeichnet und mitgebracht. Apfelsine, Mandarine, Zitrone, Aprikose, Pfirsich, Gurke, Melone, Feige, Rhabarber und eine Menge anderer Obst- und Gemüsepflanzen haben ihren Ursprung in China.

In der chinesischen Küche wird zum Braten, Fritieren usw. fast ausschließlich Pflanzenöl verwendet; vorwiegend Erdnußöl, Sojaöl und Sonnenblumenöl. Olivenöl wird wegen des starken Eigengeschmacks nicht verwendet. Denn Öl soll nur das Braten ermöglichen und die Fleischfasern versiegeln helfen und nicht geschmacksbildende Zutat sein.

Die Lebensmittel- und Feinkostgeschäfte, besonders in den Großstädten, bieten in letzter Zeit eine immer vielfältigere Auswahl an fernöstlichen Gewürzen und Nahrungsmitteln an. Trotzdem kann es vorkommen, daß die eine oder andere Zutat einmal nicht zur Verfügung steht. Viele kann man durch ähnliche ersetzen, einige kann man weglassen, wenn dadurch die Charakteristik des Gerichts nicht verlorengeht. Näheres entnehmen Sie bitte dem ABC chinesischer Zutaten auf Seite 136.

Küchengeräte

Zur Vorbereitung und Zubereitung der Speisen sind chinesische Küchengeräte nicht unbedingt erforderlich. Man kann dazu ohne weiteres die hier üblichen verwenden. Es soll aber nicht unerwähnt bleiben, daß die chinesischen Küchengeräte im Hinblick auf die Zubereitungstechnik sehr praktisch sind.

Insbesondere sollten sich standhafte Liebhaber der chinesischen Küche überlegen, eine Wokpfanne anzuschaffen. Diese Universalpfanne hat die Form eines auf den Kopf gestellten Kegels mit stark ausgerundeter Spitze und eignet sich nicht nur vorzüglich zum Pfannenbraten, sondern auch zum Fritieren, Kochen, Dämpfen und Räuchern. Mit einem Ring versehen, kann man sie aufs Herdfeuer, auf die Gasflamme oder den Rechaud setzen. Es gibt aber auch schon elektrische Geräte.

Die besten Kochresultate erzielt man mit der einfachen, althergebrachten eisernen Wok mit Deckel.

Sie wird schnell und gleichmäßig heiß, was für das Pfannenbraten sehr wichtig ist. Wenn Sie sich eine kaufen, beachten Sie folgendes:

Die Henkel aus Eisen werden beim Kochen sehr heiß, und man verbrennt sich leicht die Finger. Man sollte sie daher mit einem hitzebeständigen Plastikmaterial umwickeln, bis eines schönen Tages die Hersteller auf die glorreiche Idee kommen, die Handgriffe mit Holz oder Plastik zu verkleiden.

Die neue Wok reinigt man zuerst einmal gründlich mit Wasser und einem Spülmittel. Dann wird sie erhitzt und mit Papier, das man vorher mit Erdnußöl tränkt, eingerie-ben. Man wechselt das Papier so lange, bis es sauber bleibt. Nun ist sie gebrauchsfertig. Mit der Zeit wird sie schwarz und bekommt die berühmte Patina. Das muß so sein. Die Wok funktioniert dann wie eine gut eingerauchte Pfeife.

Sofort nach Gebrauch muß man die Wok spülen und gut trocknen, damit sie nicht rostet. Nehmen Sie aber nie Scheuermittel oder Stahlwolle. Bratenrückstände löst man mit kochendem Wasser, Schwamm und Spülmittel.

Manche Fabrikate haben innen eine Schutzschicht aus Wachs oder ähnlichem. Man kocht sie dann mit Wasser und etwas Soda aus und entfernt die Reste der Schicht vollends mit einem Schwamm oder Scheuerlappen.

Ein häufig benutztes Gerät ist ein Küchenbeil oder Hackbeil, aber das dürfte wohl in den meisten Haushalten vorhanden sein.

Ein weiteres Küchengerät, dessen Anschaffung man sich überlegen sollte, ist der chinesische Feuertopf. Es ist der Bruder des schweizerischen Fonduetopfes. Die Töpfe sind aus Kupfer oder Messing und sind bei einem Partyessen unentbehrlich, sparen sie doch dem Gastgeber oder der Gastgeberin viel Arbeit in der Küche. Das charakteristische an dem Topf ist, daß er in

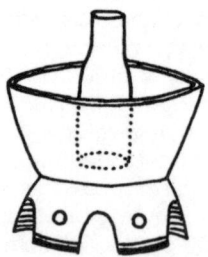

der Mitte einen Kamin hat. In diese Röhre, die unten mit einem Gitter geschlossen ist, kommen glühende Holzkohlen, die dann die Brühe am Kochen halten. Sie können aber auch den Topf auf einen Rechaud stellen, bzw. eine Spiritusflamme darunterstellen. Dies hat dazu noch den Vorteil, daß die Hitze durch den Kamin und nicht außen am Topf hoch geht. Man sengt sich beim Bruzzeln nicht so leicht die Manschetten an. Die meisten dieser Töpfe werden mit einem Deckel geliefert.

Die Vorbereitung der Zutaten

Ein chinesischer Koch verbringt wesentlich mehr Zeit mit der Vorbereitung der Zutaten als mit dem eigentlichen Zubereiten.

Bei den meisten Gerichten werden die Bestandteile vor dem Kochen nach bestimmten Regeln sorgfältig zerkleinert. Hinzu kommt, daß mehrere Gänge zubereitet werden, die möglichst zusammen auf den Tisch kommen sollen. Da die Kochzeiten meist sehr kurz sind, muß alles nach Gerichten geordnet kochfertig griffbereit sein, denn während des Garens bleibt wenig Zeit für andere Dinge.

Zur Planung des Menüs gehört auch, sich den Ablauf des Kochens zu überlegen und die dazu nötigen Geräte bereitzuhalten. Die Gerichte eines Menüs werden ja nicht nur nach verschiedenartigen Zutaten, sondern auch nach verschiedenen Kocharten zusammengestellt. Es ist daher nicht allzu schwierig zu erreichen, daß alles schön ineinander läuft. Während des Backens im

Ofen oder dem Rotkochen kann man dämpfen und fritieren. Diese Gararten erlauben ein Warmstellen, bis man zum Schluß, wenn schon die Gäste da sind, das pfannengebratene Gericht gart, denn dieses muß heiß und frisch auf den Tisch.

Viele Gerichte können schon am Tag vorher teilweise vorbereitet, manche sogar vorgekocht werden. Wenn Sie einige Erfahrung gesammelt haben, werden Sie sehen, daß der Aufwand zur Zubereitung eines Menüs nicht so groß ist, wie es auf den ersten Blick aussehen mag.

Schneiden und Zerkleinern der Zutaten

In der europäischen Küche nimmt das Zerlegen oder Tranchieren einen wichtigen Platz ein. Diese Funktion entwickelte sich im Mittelalter zu einer wahren Kunst. Und es gab sogar Schulen, in denen das Tranchieren gelehrt wurde. Die berühmteste war die Schule von Padua. Bei festlichen Essen wurde diese Tätigkeit von einem Tranchiermeister ausgeübt. Selbst Könige und Fürsten rühmten sich und waren dafür bekannt, die Kunst des Tranchierens meisterhaft zu beherrschen.

In der chinesischen Küche ist das Zerkleinern der Zutaten nicht minder wichtig, nur ist der Sinn und Zweck ein völlig anderer. Wenn man lediglich berücksichtigen müßte, daß auf dem chinesischen Eßtisch kein Messer zu finden ist, wäre das Zerkleinern sehr einfach. Man würde eben alles in kleine Stücke schneiden, wie es hier bei kleinen Kindern gehandhabt wird, die noch nicht mit dem Messer umgehen können.

Viel wichtiger ist folgendes: Man erkannte in China schon vor langer Zeit, daß die Gewebezellen von Fleisch und Gemüse die hauptsächlichen Geschmacksträger sind. Diese Zellen müssen also richtig angeschnitten oder freigelegt werden, damit sich das Aroma entfalten kann. Dazu gehören eine Menge Erfahrung und Kenntnisse, deren Vermittlung allein ein dickes Buch füllen würde. Ein chinesischer Berufskoch verbringt allein über zwei Jahre seiner Lehre damit, sich diese Kenntnisse und Praktiken anzueignen. Die Erläuterungen an dieser Stelle müssen daher auf das Wichtigste beschränkt bleiben.

Sie können sich ungefähr an folgende Regel halten: Hartes und zähes Material wird dünn und quer zur Faser geschnitten. Je kürzer die Zubereitungszeit, desto feiner wird geschnitten. Z.B. schneidet man bei Bambussprossen den oberen zarten Teil längs und den unteren faserigen Teil quer. Wichtig ist, die Stücke möglichst gleich groß zu schneiden, um ein gleichmäßiges Garen zu erreichen.

Fleisch läßt sich am besten in halbgefrorenem Zustand fein schneiden.

Fisch und Meergetier bleibt meistens ganz, nur bei großen Fischen wird nach dem Prinzip des Fleischschneidens verfahren. Hier die einzelnen Schneidearten:

Grob schneiden

Fleisch, Gemüse usw. wird in mundgerechte Stücke geschnitten, so daß sie mit den Stäbchen aufgenommen werden können. Fleisch wird längs und quer, auch diagonal zur Faser geschnitten. Gemüseblätter werden längs und quer, Lauch kann quer und diagonal geschnitten werden.

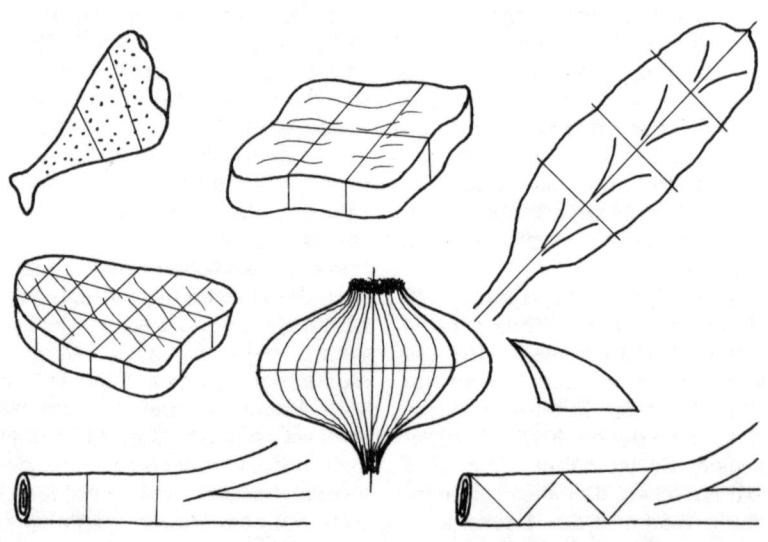

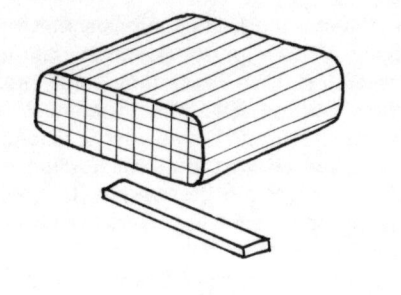

In Scheiben schneiden

Fleisch wird mit wenigen Ausnahmen quer zur Faser geschnitten. Gemüse mit zylindrischen Formen wie Gurken, Lauch und dgl. schneidet man diagonal.

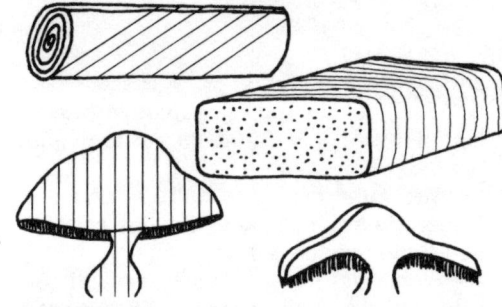

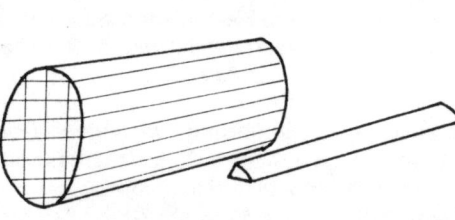

Fein hacken

Zuerst schneidet man in feine Streifen und diese dann quer in kleine Würfel. Zwiebel, Knoblauch usw. kann man mit dem Wiegemesser zerkleinern. In der klassischen Küche wird auch Hackfleisch mit dem Messer zerkleinert, niemals durch den Wolf gedreht. Der Chinese empfindet es als brutal und unkultiviert, das Fleisch auf diese Weise zu zerstückeln und zu zerreißen.

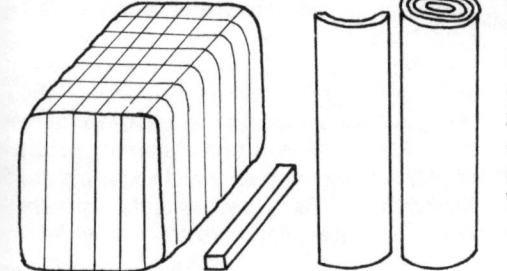

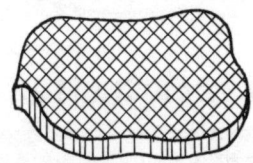

In Stäbchen, Streifen und feine Streifen schneiden

Man schneidet zuerst quer durch, dann die Stücke in Scheiben und diese in Streifen. Weiches, rübenartiges Gemüse, zartes Fleisch schneidet man auf Kleinfingergröße. Hartes Gemüse, wie z.B. Karotten, oder fein zu schnitzelndes Fleisch bis herunter auf Streichholzformat.

Einkerben

Wird bei Fleischstücken angewendet, um ein besseres Eindringen von Marinaden zu erreichen. Man schneidet die Stücke mit einem scharfen Messer diagonal zur Faser kreuz und quer 2–3 mm tief ein.

Zerlegen von Geflügel

Geflügel, das als Ganzes gegart wird, zerlegt man vor dem Servieren auf folgende Art:

Es wird zunächst längs halbiert und die beiden Hälften noch einmal längs entlang den Rippenenden geteilt.

Die Flügel werden am Körpergelenk abgeschnitten, die Viertel in je 6–8 Teile quer geschnitten. Die Stücke werden dann in ihrer ursprünglichen Lage auf der Platte angerichtet.

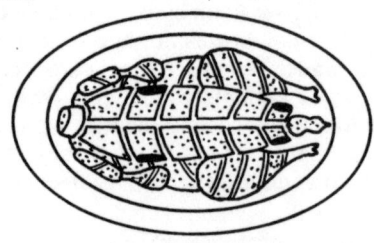

Die Kocharten

Zwischen dem im Rohzustand genießbaren Nahrungsmittel und dem durch kombinierte Kochmethoden gegarten Gericht, gibt es eine ganze Reihe Möglichkeiten, Nahrungsmittel unter Berücksichtigung ihrer besonderen Eigenart schmackhaft zu machen und dem Gaumen das Optimale zu bieten.

Die Kochmethoden der chinesischen Küche lassen sich in folgende Gruppen einteilen: Das Garen über Feuer (am Spieß braten, grillen, backen), Dämpfen, Kochen in Flüssigkeit (in Wasser, Brühe oder Sojasoße mit oder ohne Gewürzzutaten), Kochen in Öl (pfannenbraten, fritieren) und Räuchern. Eine ganze Reihe von Gerichten werden kombiniert gegart, d.h., sie werden erst auf eine der angeführten Arten vorgekocht und durch eine andere Methode fertig gegart.

Die Zubereitungsart der einzelnen Gerichte ist weitgehend darauf abgestimmt, den natürlichen Geschmack und die für die menschliche Ernährung wichtigen Bestandteile zu erhalten. Vielleicht wurden die Kochmethoden auch dadurch beeinflußt, daß schon in früheren Zeiten Brennstoffe nicht im Überfluß vorhanden waren und man aus diesem Grund aus der Not eine Tugend machte.

Eine weitere Rolle spielt die Tatsache, daß man ja in China mit Stäbchen ißt. Die Hauptzutaten werden daher, insbesondere beim Pfannenbraten und Fritieren, schon vorher zerkleinert, manchmal sogar bis auf Streichholzgröße. Dies erlaubt extrem kurze Garzeiten, deren Vorteil man in letzter Zeit auch außerhalb Chinas erkannt hat. Im Grunde genommen sind alle Kocharten, vielleicht mit Ausnahme des Räucherns, den Europäern vertraut, so daß sicher keine besonderen Probleme entstehen.

Ich bin überzeugt, daß sich viele, die mal diese Art der Zubereitung kennengelernt haben, dieser Methoden des kurzen Bratens, Fritierens oder Dämpfens bedienen werden, vor allem diejenigen, die auf gesunde Ernährung Wert legen oder gar Diät leben müssen.

Backen

In der Backröhre in einer Kasserolle. Es wird meist bei starker Hitze angebacken und dann bei mittlerer gegart.

Grillen

Traditionsgemäß auf Holzkohle bei kräftiger Hitze.
Im Backofen auf dem Grillrost, auf die auch hier bekannte Weise.

Am Spieß braten

Diese von den Nomaden übernommene Art des Garens spielt nur eine untergeordnete Rolle. Sie wird in der häuslichen Küche kaum praktiziert. Allenfalls in der Küche des Nordens.
Das Fleisch, das gebacken, gegrillt oder am Spieß gebraten wird, bestreicht oder reibt man vor oder auch während des Garprozesses mit Soßen, Pasten, Gewürzen und dgl. ein.

Dämpfen

Die Chinesen verwenden einen Bambusdämpfer. Sehr geeignet ist auch ein Dampfkochtopf, wobei man die erheblich kürzeren Garzeiten beachten muß. Man kann sich jedoch sehr gut folgendermaßen behelfen: In einen genügend großen Kochtopf legt man umgekehrt eine flache Schüssel oder tiefen Teller. Füllt mit Wasser an, bis Teller oder Schüssel gut bedeckt sind, darauf stellt man eine Schüssel mit den zu dämpfenden Nahrungsmitteln.
Auf den Kochtopf legt man ein Tuch und darauf den Deckel. Durch das Tuch vermeidet man, daß zu viel Kondenswasser in die Schüssel tropft. Evtl. muß man Wasser nachgießen, wenn die ursprüngliche Menge verdampft ist, bevor die zu dämpfenden Zutaten gar sind. Neuerdings wird auch in Alufolie gedämpft.

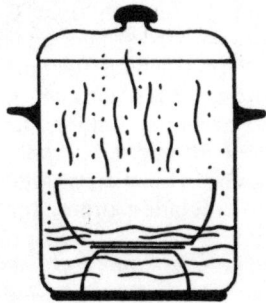

Behelfsmäßige Anordnung zum Dämpfen

Kochen

Außer dem überall bekannten normalen Kochen, das in der chinesischen Küche ausschließlich bei der Zubereitung von Suppen angewendet wird, gibt es eine Reihe weiterer Methoden des Garens in einer Flüssigkeit, die in den Küchen Europas nicht so gang und gäbe sind.
Das normale Kochen bedarf keiner Erläuterung, der Vorgang unterscheidet sich da, wo er in der chinesischen Küche angewendet wird, in keiner Weise von den hiesigen Praktiken.
Das Brühen mit kochendem Wasser, das bei Fisch- und Krustentiergerichten ange-

wendet wird, erfordert einige Erfahrung bezüglich der Zeit des Brühens.

Garziehen ist hier eine weniger bekannte Methode. Man wendet es u. a. bei Geflügel an. Das geht folgendermaßen vor sich: Das Fleisch wird in Wasser oder Brühe 10–20 Min. gekocht. Dann nimmt man den Topf vom Feuer und läßt das Kochgut gut zugedeckt langsam abkühlen, was bis zu 2 Stunden in Anspruch nehmen kann.

Weißkochen ist ähnlich dem Garziehen. Das Kochgut wird in Wasser mit Gewürzzutaten oder Brühe, je nach Rezept, in kleinerer oder größerer Menge zum Sieden gebracht und dann bei kleiner Hitze gegart. Dabei darf die Flüssigkeit gerade noch perlen. Also noch ein bißchen weniger, als das, was man hierzulande unter Köcheln versteht.

Rotkochen ist eine typisch chinesische Art des Garens. Man versteht darunter das Kochen in Sojasoße. Es geht wie das Weißkochen vor sich, nur wird als Kochflüssigkeit Sojasoße verwendet. Die auf diese Art zubereiteten Gerichte sind im Geschmack sehr kräftig und würzig. Die beim Kochen reduzierte Flüssigkeit wird ganz oder teilweise zum Gericht als Dipp-Soße vollends zubereitet. Rotgekochtes Fleisch wird vorwiegend heiß gegessen, aber mitunter auch kalt als Vorspeise. Es läßt sich ohne nennenswerte Geschmackseinbuße wieder aufwärmen. Zu dieser Kategorie des Garens kann man auch das Kochen in Meistermarinade zählen. Die braune Marinade enthält als Basis ebenfalls Sojasoße, aber mehr und vielseitigere Gewürzzutaten. Das so zubereitete Fleisch wird vorwiegend kalt gegessen.

Das Schmoren wird in der chinesischen Küche weniger häufig angewandt. Das Fleisch wird in heißem Öl kurz angebraten, mit der vorgesehenen Soße (meist wenig) abgelöscht und bei kleiner Hitze gegart.

Pfannenbraten

Das Pfannenbraten oder -rühren ist ein Charakteristikum der südchinesischen Küche, wird jedoch auch in den übrigen Teilen Chinas häufig angewandt. Da es ein sehr schneller Garprozeß ist, müssen alle Zutaten griffbereit sein. Die zerkleinerten Zutaten sollten nahezu gleiche Größe haben, um ein gleichmäßiges Garen zu gewährleisten. Es empfiehlt sich, nicht zu große Mengen in die Pfanne zu geben, lieber zweimal braten. Achten Sie bei den Rezepten auf die Reihenfolge, wie die Zutaten in die Pfanne zu geben sind. Bei manchen Gerichten kommen die Zutaten hintereinander in die Pfanne, bei anderen werden sie getrennt gebraten und am Schluß wieder zusammengemischt. Dies ist wichtig, da pfannengebratene Gerichte nur knapp gar sein dürfen.

Gebraten wird bei starker Hitze, und man verfährt wie folgt:

Die Pfanne wird erhitzt und das wenige erforderliche Öl hineingegeben (Vorsicht bei Gasflamme). Wenn das Öl raucht, wird – wenn vorgesehen – Knoblauch, Ingwer und dergleichen einige Sekunden angebraten, bis sich das Aroma entwickelt. Dann werden die Hauptzutaten zugegeben, dauernd gerührt und gewendet, so daß alles gleichmäßig mit dem Pfannengrund in Berührung kommt. Diese Methode hat den Vorteil, daß durch das kurze Braten bei sehr hoher Hitze kein Saft austreten kann, andererseits wird aber auch kein Öl aufgesaugt. Es tropft beim Herausnehmen sehr leicht ab. Bei Gemüse werden natürlicher Geschmack und die Vitamine erhalten und es bleibt leicht körnig.

Ist bei den Rezepten Soße vorgesehen, so wird diese ganz zum Schluß zugegeben und nur kurz aufgekocht. Dies geschieht in Sekunden.

Soll die Soße mit Stärke gebunden werden, mischt man diese im Verhältnis 1:3 mit Wasser, rührt sie nach dem Aufkochen unter die Soße und nimmt die Pfanne nach einigen Sekunden, wenn die Soße wieder transparent geworden ist, vom Feuer. Die Soße sollte nicht zu dick, aber auch nicht zu dünn sein, sondern von gleichmäßiger Konsistenz. Empfehlenswert ist, immer ein bißchen mehr angerührte Stärke bereit zu halten, um schnell nachregulieren zu können.

Pfannengebratene Gerichte sollten sofort nach dem Braten heiß serviert und gegessen werden. Sie büßen beim Abkühlen erheblich an Aroma ein. Auf keinen Fall sollte man sie wieder aufwärmen.

Fritieren

Eine vorwiegend in Mittel- und Südchina praktizierte Kochmethode, die sich in den letzten Jahrzehnten auch in der Küche der westlichen Welt durchgesetzt hat und somit im Prinzip vertraut sein dürfte. Trotzdem soll kurz beschrieben werden, wie es in China gemacht wird.

Der Fritiertopf mit Drahtkorb – in China nimmt man die Wok – wird erhitzt, dann wird das Öl in den Topf gegossen. Man nimmt in der gepflegten Küche gutes Erdnußöl. Wenn das Öl die gewünschte Temperatur erreicht hat, wird das Fleisch oder Gemüse hineingegeben. Fleischstücke mit Teigumhüllung werden einzeln einige Sekunden angebacken, herausgenommen und wenn alle fertig sind, zusammen wieder hineingegeben. Man verhindert so ein Zusammenkleben.

Fritiert wird bei verschiedenen Temperaturen, wobei man folgende Faustregeln zugrunde legen kann:

niedrige Temperatur
(ca. 120°–180°) = Fisch, Krustentiere
mittlere Temperatur
(ca. 180°–210°) = Fleisch, Gemüse
hohe Temperatur
(über 210°)   = Fleisch, Reiskuchen

Ohne Thermometer kann man ungefähr die Temperatur des Öls folgendermaßen abschätzen:

Man nimmt ein grünes Gemüseblatt und taucht es in das heiße Öl. Perlt es nicht, ist die Temperatur niedrig, bei mittlerer Temperatur perlt es, bleibt aber noch eine Weile grün, und bei hoher Temperatur wird es schnell braun und schwarz.

Fritieröl kann mehrere Male benutzt werden, doch empfiehlt es sich, das Öl nach jedem Gebrauch durchzusieben und zur Hälfte mit frischem zu mischen.

Bei richtigem Fritieren bleibt das Kochgut innen saftig und zart, außen wird es schön knusprig.

Sollen Gerichte bei niedriger Temperatur fritiert werden, wird das Kochgut im Öl bewegt.

Räuchern

Dieser zusätzliche Garprozeß, der hauptsächlich bei Fisch und Geflügel Anwendung findet, dient nur dazu, den Gerichten ein spezielles Aroma zu verleihen, ist also im Grunde genommen kein Garen. Schon darin unterscheidet sich das Räuchern grundsätzlich von dem, was man hier darunter versteht. Geräuchert wird mit Teeblättern, auch mit Holzspänen. Es gibt natürlich in China eine Menge Spezialisten, die alle ihre kleinen Geheimnisse haben.

In einen genügend großen Topf gibt man die angegebene Menge Teeblätter oder Späne. Darüber legt man in einigen Zentimetern Abstand auf ein Gitter oder dgl. das Fleisch, stellt das ganze aufs Feuer und hält den Topf gut verschlossen, damit kein Rauch austreten kann. Wird der Boden des Topfes heiß, fangen die Blätter oder Späne an, Rauch zu entwickeln.

Wenn Sie Späne verwenden, ist es nicht ratsam, in irgendeiner Schreinerei Hobelspäne oder Sägemehl zu holen. Es könnte von Brettern stammen, die vor der Verarbeitung mit einem Imprägniermittel behandelt wurden, und das würde Ihnen den Braten gründlich verderben.

Das Würzen

Die ost- und südasiatischen Länder sind neben Mittel- und Südamerika die Heimat fast sämtlicher heute verwendeter Gewürze. Es wird demzufolge auch reger Gebrauch davon gemacht.

Was die chinesische Küche betrifft, kann man jedoch keineswegs von übertriebenem Würzen sprechen, im Gegenteil. Die Speisen werden mit großem Fingerspitzengefühl gewürzt und in der Art der Würzzutaten äußerst harmonisch abgestimmt. Natürlich ist es in China auch so, daß regional da, wo bestimmte Gewürzarten angebaut werden, diese auch reichlicher verwendet werden. Ja, daß sogar Gerichte auf eine bestimmte Gewürzart zugeschnitten sind.

Wenn in den Rezepten keine Mengen für Gewürze angegeben sind, besagt das nicht, daß ich würzen für unwichtig halte, es hat vielmehr folgende Bewandtnis:

Sie werden bei der Zubereitung vieler Gerichte gezwungen sein, konservierte Lebensmittel zu verwenden, die häufig bereits Gewürzbeigaben enthalten, und wenn es nur Salz ist. Sie werden Sojasoße, das Hauptwürzmittel Chinas, mit verschieden starkem Salz- oder Zuckergehalt bekommen, und letzten Endes ist ja auch Ihr persönlicher Geschmack nicht zu vergessen. Und von dem hängt die Menge der Zugaben ab. Sie ersehen aus den Rezepten, welche Gewürze verwendet werden sollen, das Wieviel beurteilen Sie am besten beim Abschmecken vor dem Anrichten. Dann können Sie immer noch nachwürzen, und wenn einer Ihrer Gäste der Meinung ist, in der Suppe sei zu wenig Salz oder Pfeffer, so ist das auch kein Unglück. Auf dem chinesischen Eßtisch stehen immer die hauptsächlichen Gewürzarten parat, um jedem Geschmack gerecht zu werden.

Man sollte sich hinsichtlich des Würzens ohnehin nicht allzu streng an das Rezept halten, sondern nach dem eigenen Geschmack bis zu einem gewissen Grad den Speisen eine individuelle Note geben. In

China, wie überall in der Welt, hat jeder Koch und jede Hausfrau kleine Geheimnisse und Tricks, um den Gerichten einen persönlichen Anstrich zu geben.

Es geht kaum Wesentliches am Charakter der chinesischen Speisen verloren, wenn Sie geschmacksintensive Beigaben in der Menge reduzieren, wie beispielsweise Knoblauch, Zwiebelgewächse oder Ingwer. Auch können Sie mit scharfem Paprika, Peperoni oder Chili sparsamer umgehen, wenn Sie feurig-scharfe Gerichte nicht gewohnt sind. Jedoch ist z. B. eine Currysoße mit zu wenig Curry eben keine Currysoße mehr. Hier sind der Individualität Grenzen gesetzt.

Mit Glutamat sollten Sie sparsam umgehen, ein viertel Teelöffel pro Gericht genügt vollkommen. Ein Zuviel kann Ohrensausen verursachen. Bei guter frischer Gemüseware können Sie sogar darauf verzichten.

Anrichten und Garnieren

Nach einem chinesischen Sprichwort soll eine Mahlzeit drei Sinne ansprechen:

Das Auge – durch die Farbe,
die Nase – durch den Duft,
den Gaumen – durch den Geschmack.

Dem Anrichten und Garnieren wird daher große Bedeutung beigemessen. Es beginnt schon beim Zerkleinern der Zutaten, die ordentlich und regelmäßig geschnitten sein müssen.

Die Farbe der Zutaten spielt sogar bei der Auswahl der Speisenfolge mit eine Rolle.

Und wenn bei einem Gericht Paprikaschoten vorgesehen sind, nimmt man rote und grüne. Ein Gemüsegericht soll angerichtet der Palette eines Malers gleichen.

Für das Garnieren wird sehr viel Mühe aufgewendet. Und manche Platten sind kleine Kunstwerke. Es ist nicht allein der Sinn für Ästhetik, der zu diesem außergewöhnlichen Aufwand geführt hat.

Die im alten China üblichen Opfer an Nahrungsmittel, die in einer der religiösen Bedeutung entsprechenden Aufmachung präsentiert wurden, und die aus symbolisch-religiösen Gründen für manche Gerichte genau vorgeschriebene Art des Anrichtens und Garnierens bei Banketten und bei Hofe haben mit dazu beigetragen, daß bis zum heutigen Tage diese letzte Etappe der Speisebereitung mit so viel Liebe, Phantasie und Aufwand gehandhabt wird.

Als Hilfsmittel für das Garnieren gibt es in China eine ganze Reihe von Werkzeugen. So z. B. Metallformen zum Ausstechen von Figuren aus Karotten- oder Bambusscheiben und dergleichen – ähnlich wie man hierzulande flaches Weihnachtsgebäck aussticht.

Tafel- und Tischsitten

Bei Festessen bevorzugt der Chinese den großen runden Tisch für 10–12 Personen. Sind es mehr Gäste, werden weitere Tische aufgestellt. Auf die Mitte des Tisches kommt ein drehbarer Aufsatz, ähnlich einer Tortenplatte, nur größer. Auf den werden die Schüsseln mit den Speisen gestellt. Diese Scheibe wird nun immer wieder von den Gästen so gedreht, daß jeder bequem auf seinen Teller schöpfen kann. In fröhlicher Tischrunde unter Freunden kann dieses Drehscheibenspiel mitunter ganz amüsant werden. Vergessen Sie aber bitte nicht, was Sie im Physikunterricht über die Zentrifugalkraft gelernt haben.

An Eßgeschirr kommt folgendes auf den Tisch:

ein mittelgroßer flacher Teller,
ein kleinerer Teller für Vorgerichte,
eine Reisschale,
eine Suppenschale,
eine Teeschale mit Deckel,
mehrere kleine Teller oder Schälchen für Würzsoßen,
Gläser für Getränke,
Schälchen für Reiswein,
Stäbchen und Porzellanlöffel für Suppe.

Je nach Menüzusammenstellung wird dieses Service noch erweitert. Oder man wechselt nach Bedarf die Teller. Messer gibt es auf einer chinesischen Tafel nicht, als Zugeständnis an Ausländer, die nicht mit Stäbchen essen können, wird allenfalls eine Gabel serviert.

Die Schüsseln und Platten zum Auftragen der Gerichte richten sich in ihrer Form und Größe nach den jeweiligen Erfordernissen und unterscheiden sich von den hier gebräuchlichen höchstens durch ihr ansprechendes und reizvolles chinesisches Dekor. Chinesisches Geschirr kann man hier überall in den Großstädten preiswert kaufen. Und es trägt eben entscheidend zur Stilechtheit eines chinesischen Essens bei.

Zum Nachwürzen stehen verschiedene Pfefferarten, Salz, 5-Gewürz-Pulver, Sojasoße und Sambal auf dem Tisch.

In China sitzt der Ehrengast am weitesten von der Tür weg, ihm gegenüber sitzt der Gastgeber. Zu Beginn grüßt der Gastgeber den Ehrengast mit einem Trinkspruch, den dieser erwidert. Erst dann kann mit dem Essen begonnen werden. Bei Essen in kleinerer Runde, im familiären Kreis, wird der Gastgeber Ihnen als Gast die besten Stücke selbst auf den Teller legen.

Die Eßsitten sind ziemlich unkonventionell und bei weitem nicht so strengen und einengenden Regeln unterworfen, wie teilweise in Europa. Es gibt keine Frage darüber, was mit Messer und Gabel oder nur mit Gabel gegessen wird, kein verstohlenes Schielen, wie der vielleicht erfahrenere Nachbar mit Spezialwerkzeugen umgeht. Die Problematik beschränkt sich für den Ausländer lediglich darauf, mit der Handhabung der Stäbchen fertig zu werden. Denn Stäbchen und Löffel sind die einzigen Eßwerkzeuge. Sie können beispielsweise ein etwas zu groß geratenes Stück Fleisch ohne weiteres mit den Stäbchen nehmen, davon abbeißen und wieder auf Ihren Teller zurücklegen, um es dann beim zweiten Anlauf vollends zu verzehren. Fleischstückchen mit Knochen, z. B. Geflügel, nimmt man fest mit den Stäbchen und beißt das Fleisch ab. Nur größere Stücke nimmt man in die Hand. In diesem Fall werden Wasserschalen und Handtücher gereicht. Wenn in Suppen Einlagen in größeren Stückchen sind, nimmt man diese mit den Stäbchen, und es ist kein Fauxpas, wenn Sie danach die Brühe aus der Schale trinken.

Die Reisschale hält man nahe an den Mund. Wenn der Reis schön flockig ist, wie er sein soll, ist es nicht schwierig, ihn mit Stäbchen zu essen. Der Gebrauch von Stäbchen zwingt Sie beim Essen zu einer etwas langsameren »Gangart«. Und das ist gesund. Ein chinesischer Kalauer besagt, die beste Abmagerungskur sei, mit e i n e m Stäbchen zu essen.

Wie man die Stäbchen handhabt ist im folgenden kurz beschrieben und dargestellt. Um sicher damit umgehen zu können, sollten Sie den Spruch des Konfuzius beherzigen: »Wie erfreulich ist es, immer zu wiederholen, was wir lernen. Bald werden wir darin ein Meister werden.«

Man hält die Stäbchen folgendermaßen: Das untere liegt festgeklemmt zwischen Daumenbeuge und letztem Glied des Ringfingers, das obere hält man mit Daumen, Zeigefinger und Mittelfinger wie einen Bleistift, es ist beweglich und kann gegen das untere gedrückt werden.

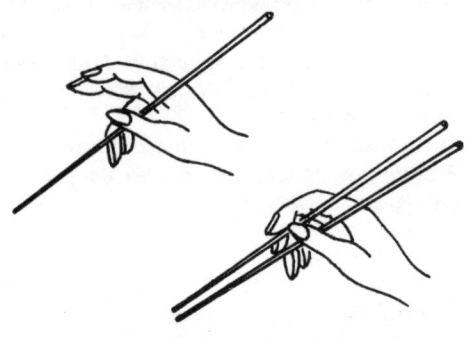

Der Gebrauch der Stäbchen zum Essen geht sehr weit zurück. Kaiser Tschou Hsin soll sie um 1130 v.Chr. erfunden haben. Wie bei den Bestecken verwendete man auch zur Herstellung der Stäbchen edles Material wie Gold, Silber, Jade und Elfenbein. Heute sind sie aus Kunststoff oder Bambus.

Chinesische Getränke

Die ältesten chinesischen Getränke, Wein und Tee, nehmen auch noch heute im Getränkekonsum die erste Stelle ein. Bier wird zwar auch produziert, doch spielt es als Getränk zum traditionellen chinesischen Menü nur eine untergeordnete Rolle.

Unter der Bezeichnung »Wein« (Tschin oder Tschiu) versteht man in China nicht nur Wein, sondern auch Likör bzw. Weinbrand oder Schnaps. Die ersten Weine wurden aus Hirse, Korn und Reis hergestellt. Als man Kaiser Yu Te (2200 v. Chr.) das neue Getränk zum Kosten reichte, soll er ausgerufen haben: »Ach, wieviel Unheil sehe ich aus diesem Getränk für unser Land entspringen! Man verweise den Erfinder des Landes und gestatte ihm nie wieder die Rückkehr.«

Der Wein ist trotzdem geblieben, und es ist schwer zu sagen, ob er mehr Unheil verursacht oder mehr Freude und Genuß bereitet hat. Ich glaube an das letztere. Wann die Rebe nach China kam, ist nicht mit letzter Sicherheit bekannt. Es gibt Quellen, die dieses Ereignis in die Zeit um 1100 v.Chr. einordnen, andere wesentlich später in die Han Zeit um ca. 200 v.Chr. Aus Überlieferungen und der Literatur ist zu entnehmen, daß schon sehr früh Weinschenken existierten, in denen die Männer, am liebsten in netter Damengesellschaft, ein Gläschen zu sich nahmen.

Chinesische Traubenweine ähneln den hier in Europa kultivierten, nur gibt es nicht diese Vielfalt an Sorten, Geschmacksrichtungen und die Differenzierung der Jahrgänge.

Reichhaltiger ist jedoch die ganze Skala der

Alkoholika auf der Basis von Reis und Früchten. Neben dem normalen Reiswein, den man heiß trinkt (35–40 Grad), gibt es eine Vielfalt von Fruchtweinen und -spirituosen. Teils werden Reisweine aromatisiert, teils werden sie direkt aus den Früchten gewonnen.

Hier eine kleine Auswahl der bekanntesten Weine: Orangenwein, Lemonenwein, Birnenwein, Lycheewein, Goldblumenwein, Jasminwein, Chrysanthemenwein, Lotuswein, Pflaumenwein und Rosenwein.

Daneben gibt es noch zahlreiche medizinische Weine und Spirituosen sowie Weine, die mit Gewürzen angesetzt sind. An chinesischen Weinen gibt es hier schon einige Sorten zu kaufen, es ist jedoch keine Sünde, wenn Sie zum Essen die heimischen Getränke servieren.

Tee ist das asiatische Volksgetränk. Sein Ursprung verliert sich in der chinesischen Vorgeschichte. Älter als die Weinschenken sind die Teehäuser, die die gleiche gesellschaftliche Funktion hatten, wie in der neueren Zeit die Kaffeehäuser, Pubs, Wirtschaften, Bistros und Bars in Europa.

Es gibt ein kleines chinesisches Märchen, das die Wichtigkeit dieses Getränks charakterisiert: Über einen reichen Chinesen brach das Unglück herein, und er verlor sein ganzes Vermögen. Er wurde zum Bettler, und alles was ihm blieb, war eine kleine Teekanne. Aber es war eine Wunderkanne, man mußte nur heißes Wasser hineingießen und augenblicklich verwandelte es sich in köstlichen Tee. Man bot ihm die größten Reichtümer für diese Zauberkanne, er aber wies alles zurück. Ihm war die Kanne wichtiger und wertvoller als alle Reichtümer.

Tee wird in China bei jeder Gelegenheit getrunken. Beim Besuch, bei geschäftlichen Besprechungen, nach dem Essen, sogar in den Schnellzügen wird Tee serviert. Und in den Wartesälen von Bahnstationen größerer Städte steht Tee zur Selbstbedienung bereit. Er wird in der Porzellankanne oder einzeln in Teeschalen mit Deckeln aufgebrüht. Metallkannen sind für den Kenner einfach barbarisch. Man trinkt ihn etwas schwächer als hier und ohne Zucker. Sehr verbreitet ist die Zugabe von Ingwer. Es würde hier zu weit führen, auf die vielfältigen Raffinessen der Teezubereitung und die Einzelheiten des Teezeremoniells einzugehen. Eines ist jedoch für den guten Geschmack des Tees wichtig: gutes frisches Wasser.

Um die teilweise berühmten Teesorten markant zu kennzeichnen, kommen diese unter recht phantasievollen Namen in den Handel, ähnlich den Weinbezeichnungen in Europa. Und die ostasiatischen Teekenner sind mindestens so zahlreich, wie die europäischen Weinkenner.

Chinesischen Tee kann man in folgende Gruppen einteilen, von denen es jeweils zahlreiche Sorten gibt:

Schwarzer Tee
Roter Tee
Oolong Tee
Grüner Tee

Grüner Tee ist frisch, roter Tee ist halbfermentiert und schwarzer Tee vollfermentiert, Oolong Tee ist geräuchert.

Diese Teearten gibt es auch mit Blütenzusätzen. Am bekanntesten ist wohl der Jasmintee, daneben noch Orangen-, Rosen-, Chrysanthemen-, Phönix- und Lycheeblüten-Tee. Hauptanbaugebiet und älteste Teeprovinz ist Fukien. Weitere Anbaugebiete sind: Tschekian, Kiangsi, Tschinkiang, Yünan, Kanton, Kwangsi, Kweitschao und Formosa.

In Fukien und Kiangsi gibt es zwei interessante Teesorten, den Wan Mo und den Te Kwan Yin. Sie wachsen auf Felsklippen. Und die Blätter werden von abgerichteten Affen gepflückt.

Die Zusammenstellung des Menüs

Die Anzahl der Gänge eines chinesischen Essens bewegt sich zwischen zwei Extremen. Und ich glaube, daß in dieser Hinsicht China kein Ausnahmefall ist. Das einfache Mahl aus Fisch, Fleisch oder Eiern mit Reis und einer Suppe und das Bankett mit einer Vielzahl von Gerichten.

Während der Ching-Dynastie gab es ein berühmtes Bankett. Es dauerte drei Tage und bestand aus 100 Gängen und einer Menge verschiedener kleiner Dinge zum Knabbern. Gewiß werden heute noch bei besonderen Anlässen wie Familienfeiern, Banketten größeren Stils bis zu 20–25 Gänge aufgetragen. Ich will mich aber nur mit dem näher befassen, was am häufigsten ist, das Essen innerhalb der Familie mit Gästen.

Dieses Menü besteht bei 6–8 Personen aus 4–5 Gängen. Und zwar einer Vorspeise, den Hauptgängen und der Suppe. Es gibt dazu immer gekochten oder gedämpften Reis. Dessert ist nicht so gebräuchlich wie in den europäischen Ländern. Man ißt eher Früchte, und Süßigkeiten werden nach dem Essen zum Tee gereicht.

Bei diesem Umfang eines Menüs werden die Speisen zusammen aufgetragen, und jeder bedient sich nach Belieben. Die Suppe wird am Schluß gegessen. Sie soll das letzte eventuell noch vorhandene Vakuum im Magen füllen. Werden Sie also nicht wütend, wenn Sie mal in China in einem Restaurant ein Menü bestellen, und der Kellner bringt Ihnen nicht gleich die Suppe, sondern erst die anderen guten Sachen. Wenn Sie reklamieren, wird er sich höchstens im stillen wundern, was für ein merkwürdiger Mensch Sie sind.

Bei größeren Festessen werden die Gänge gruppenweise aufgetragen, dazwischen gibt es verschiedene Suppen und Kleinigkeiten zum Knabbern.

Nehmen bei einem Essen mehr als 6–8 Personen teil, so zieht es der chinesische Gastgeber eher vor, noch einige Gerichte hinzuzufügen, als im einzelnen die Menge zu vergrößern. Man kann in Restaurants in China immer wieder beobachten, daß die Anzahl der servierten Gerichte mit der Zahl der Personen, die zusammen essen, übereinstimmt.

Die Chinesen lieben das gesellige Essen. Und ich persönlich finde diese Sitte aus dem Blickwinkel der Lebenskunst und des Genusses heraus fabelhaft. Kommt sie doch der Abwechslung beim Essen ungemein entgegen.

Bei der Auswahl der Gerichte strebt man einen möglichst umfassenden Kontrast an. Man wählt nicht nur verschiedene Fleischsorten, wie Geflügel, Schweinefleisch, Fisch oder Schalentiere, sondern auch verschiedene Zubereitungsarten (gekocht, gedämpft, gebraten, fritiert). Auch im Würzen variiert man. Neben einem süß-sauren sollte ein mild und ein scharf gewürztes Gericht stehen.

Achten Sie bei der Zusammenstellung des Menüs auch auf folgendes: Viele Gerichte, insbesondere in der Pfanne gebratene, müssen unbedingt frisch und heiß serviert werden. Man sollte sie also nicht warm stellen.

Da ja die Gerichte zusammen serviert werden, ist zu empfehlen, nicht mehr als zwei Pfannengerichte zu nehmen. Andere Kocharten, besonders kombinierte, erlauben ohne weiteres ein Warmhalten im Herd oder den letzten Kochvorgang kurz vor dem Servieren.

Ein chinesisches Sprichwort besagt: »Es ist besser, der Gast wartet auf das Essen, als das Essen auf den Gast.« Wärmeplatten oder Rechauds sind bei mehreren Gängen jedoch unentbehrlich.

Als Getränke serviert man zu kalten Vorgerichten Traubenwein, zu den Hauptgerichten Reiswein und nach dem Essen Tee.

Menüvorschläge

Sojaeier
Leber Kanton
Auberginen mit Fleisch
Gedämpftes Huhn mit Paprika
Krabbensuppe

———

Garnelen-Toast
Nudeln mit Kohl und Schweinefleisch
Ente mit Mangosoße
Grüne Bohnen mit Bambussprossen
Fischsuppe

———

Schanghai-Salat
Abalone mit Austernsoße
Kaninchen rotgekocht
Gedämpftes Ei mit Leber
Fischklößchensuppe

———

Betrunkenes Huhn
Schweinefleisch vom Rost
Fischklöße in Teigtaschen
Gemischtes Gemüse süß-sauer
Eiersuppe mit Tomaten

———

Karpfen Setschuan
Backhuhn-Topf
Rindfleisch Kanton
Won-Tan-Suppe

———

Frühlingsrollen
Spargel mit Krabben
Schweinefleisch süß-sauer
Ente mit Ananas
Hühnerklößchensuppe mit Krabben

———

Gefüllte Eier
Gedämpfter Fisch
Honig-Hähnchen
Marinierte Koteletts
Gemüsesuppe

———

Imperialfisch
Gedämpftes Huhn mit Bambussprossen und Pilzen
Löwenköpfe
Eierblumensuppe

———

Chinesisches Roastbeef
Gebackener Fisch mit süß-saurer Soße
Gedämpftes Huhn mit Paprika
Bohnensprossen mit Lauch
Taubeneiersuppe

Gefüllte Pilze
Eier Fu Yung
Gegrilltes Schweinefleisch
Gekochter Fisch mit süß-saurer Soße
Fen-Tze-Suppe

_____

Ochsenschwanz Nanking
Fisch mit Zitronensoße
Huhn mit Mandeln
Broccoli süß-sauer
Rindsklößchensuppe

_____

Zu den Rezepten

Die in den Rezepten angegebenen Mengen beziehen sich auf 4–6 Personen für ein Menü mit 3 bis 4 Gängen. Es ist nicht ganz einfach, die richtige Menge zu berechnen, da sie nicht nur von der Anzahl der Personen und der Anzahl der Gänge, sondern auch vom Appetit der Gäste abhängt. Der beste Anhaltspunkt ist das addierte Gewicht der Hauptzutaten sämtlicher Gerichte.
Die angegebenen Zeiten für das Marinieren von Fleisch sind Mindestzeiten. Sie können erheblich länger ausgedehnt werden, falls es sich um keine extrem scharfe Beize handelt. Generell kann man folgende Mindestzeiten annehmen:
fein geschnitzelt 10–20 Minuten,
mundgerechte Stücke 20–30 Minuten,
größere Stücke 20–60 Minuten.
Die angegebenen Zeiten für das Garen sollen nur ein Anhalt sein. Sie hängen sehr von der Herdart (Elektro oder Gas) und den verwendeten Pfannen ab. Auch der Zu-
stand der Nahrungsmittel spielt eine Rolle. Denken Sie aber immer daran, daß nach hiesigen Maßstäben der Chinese seine Gerichte eher zu kurz als zu lang gart. Mit Ausnahme der Kochmethoden, die ohnehin ein sehr langsames Garen vorsehen.
Bei Verwendung von Konserven statt Frischware müssen die Garzeiten natürlich erheblich reduziert werden. Bei den Rezepten wird, wenn nicht ausdrücklich anders vermerkt, von Frischwaren ausgegangen.
Pilzgerichte oder solche, die Pilze enthalten, sollte man nicht aufbewahren und wieder aufwärmen.
Den Maßangaben in den Rezepten liegt folgendes zu Grunde:

1 Tasse	$= 1/5\ l = 200$ ccm
1 Eßlöffel (EL)	$= 15$ ccm
1 Teelöffel (TL)	$= 5$ ccm

Werden bei festen Stoffen als Menge Tassen angegeben, so bezieht sich das auf den zerkleinerten Zustand.
Die angegebenen Nährwerte beruhen auf Mittelwerten und sind auf- oder abgerundet, das gleiche gilt für die Kalorien- und Joulezahlen. Alle Angaben beziehen sich auf das gesamte Gericht.
In die Vor- und Zubereitungszeiten sind die Zeiten für das Marinieren oder das Reifen von Teigen nicht eingerechnet, sondern nur jeweils die Summe der Garzeiten und der Aufwand für Säubern, Zerkleinern, Mischen oder Anrühren der Zutaten.
Um Mißverständnisse auszuschließen: Bei der Beschreibung der Zubereitung werden nur die im Kapitel »Kocharten« benutzten Ausdrücke verwendet. So bedeutet z. B. »braten« immer Rühren und Wenden in der Pfanne während des Bratvorgangs.

Brühen, Marinaden, Sossen und Pasten

Diese Bestandteile von Speisen wurden schon im alten China nach teils komplizierten Rezepten auf Vorrat hergestellt. In Aufzeichnungen, die auf das 2. Jahrtausend v. Chr. zurückgehen, ist zu lesen von Sojatunke aus zerstoßenen Sojabohnen und klarer Tunke – vermutlich Fleischbrühe – sowie von Fleischtunke, die man aus kleingeschnittenem mageren Fleisch, Salz und einem Gärmittel zubereitete.

Auch aus der Frucht der Ulme wurde in ähnlicher Weise eine Soße hergestellt. Pökelfleisch, Salzlake, Gärmittel und Wein ließ man hundert Tage fermentieren und gewann dadurch eine Marinade zum Kochen von Gemüse und Fleisch.

Diese Tunken und Marinaden dienten damals, wie noch heute, als Würzflüssigkeit, Kochsud und Soße zur geschmacklichen Verbesserung und Intensivierung der Speisen oder zum Konservieren von Nahrungsmitteln.

Wie wenig hat sich doch hier in den letzten dreitausend Jahren im Grunde geändert! Und vielleicht waren diese damaligen hausgemachten Soßen sogar noch besser als die heutigen mit allen technischen Raffinessen hergestellten Produkte.

Brühe ist ein wichtiger Bestandteil zur Zubereitung von Suppen und Soßen. Wer des öfteren chinesisch kochen will, sollte immer einen gewissen Vorrat an Brühe und Meistermarinade im Kühlschrank oder eingefroren haben.

Bei Verwendung zu Suppen ist dabei das richtige Würzen sehr wichtig. Ein Zuviel kann den Geschmack der Einlagen so überdecken, daß diese nicht mehr genügend zur Wirkung kommen.

Benötigt man nur geringe Mengen zu Soßen und dergleichen, kann man sich ohne weiteres mit den im Handel befindlichen Konzentraten behelfen, doch für Suppen ziehe ich in jedem Fall die eigene Herstellung vor.

Soßen sind in der chinesischen Küche eines der Tüpfelchen auf dem »ü« des Wortes Menü. Als wichtiger Bestandteil des Essens dienen sie in erster Linie bei Fleischgerichten zum Dippen.

Es gibt zahlreiche Arten Brühen, Soßen und Pasten fertig zu kaufen. Wer jedoch die kleine Mühe nicht scheut, kann viele auch selbst herstellen. Diese Hausmacherart ermöglicht mit etwas Phantasie eine Vielfalt von Abwandlungen entsprechend dem persönlichen Geschmack. Schon die Verwendung verschiedener Zucker- und Essigarten ergibt für den Feinschmecker erkennbare Unterschiede. (Die Chinesen bevorzugen übrigens Kandiszucker und weißen Essig.)

Hühnerbrühe

Tzi Tang

羹佳湯

Knochen von ausgebeinten Hühnern,
abgeschnittenes Fett, Hautstücke,
Innereien, Hals, Füße (sorgfältig
gewaschen),
10–15 Pfefferkörner,
2 Stangen Bleichsellerie,
4–5 Koriander- oder Petersilienstengel,
4 Scheiben frischer Ingwer,
2 Lauchblätter,
Salz, Glutamat.

Sämtliche Zutaten zusammen je nach
Menge in 1–2 l Wasser zugedeckt bei kleiner Hitze eine Stunde kochen. Fett abschöpfen und zu anderweitiger Verwendung aufbewahren. Brühe durchsieben.

1 l Brühe: Kalorien 450 / Joule 1880.
Vor- und Zubereitungszeit: 60 Min.

Hühnerfleischbrühe

Don Tzi Tang

火敦羹佳湯

1 Suppenhuhn (in 6–8 Teile geschnitten),
Gewürze und Suppengrün wie bei der
Hühnerbrühe.

Huhn mit kochendem Wasser übergießen.
In 2½–3 l Wasser 4 Std. bei möglichst kleiner Hitze zugedeckt kochen.
Einen Teil des Fetts zu anderweitiger Verwendung abschöpfen. Brühe durchsieben.

Das Hühnerfleisch ist vollkommen ausge-
kocht und kann nicht weiterverwendet werden.

1 l Brühe: Kalorien 800 / Joule 3350.
Vor- und Zubereitungszeit: 4 Std.

Fleischbrühe

Ro Tang

肉湯

1 kg Rindsknochen,
½ kg Siedfleisch vom Rind,
1 Lauch,
3 Möhren,
4–5 Koriander- oder Petersilienstengel,
1 Stange Bleichsellerie,
Salz.

Zutaten mit 2 l Wasser 1½–2 Std. zugedeckt bei kleiner Hitze kochen. Fett abschöpfen. Brühe durchsieben.

Kalorien 1400 / Joule 5860.
Vor- und Zubereitungszeit: 2 Std.

Fischbrühe

Yü Tang

魚湯

Fischköpfe, Gräten,
Schalen von Krabben, Langusten,
Garnelen usw.,
10–15 Pfefferkörner,
3 Scheiben frischer Ingwer,
3 Stengel Koriander, Salz.

Zutaten je nach Menge mit 1¹/₂–2 l Wasser zugedeckt bei schwacher Hitze 1–1¹/₂ Std. kochen. Brühe durchsieben.

Kalorienwert minimal.
Vor- und Zubereitungszeit: 90 Min.

Meistermarinade
Lü Wei

Dieser Sud wird in China häufig verwendet, um allerlei Arten von Fleisch – Schweinefleisch, Rindfleisch, Geflügel, Innereien und auch Eier – darin zu kochen. Kleine Restaurants und Garküchen kochen auf diese Weise Fleischgerichte, die als Zwischenmahlzeit warm mit einer Soße oder kalt, sehr beliebt sind.
Jeder hat seine wohlbehüteten Geheimrezepte, und es gibt zahlreiche Spezialisten, die wegen des besonders delikaten Geschmacks ihrer Gerichte stadtbekannt sind.
Die Marinade kann im Kühlschrank aufbewahrt und immer wieder verwendet werden. Auch kann man sie bis zum nächsten Mal einfrieren. Nach jedem Gebrauch sollte man die Würzflüssigkeiten und das verdunstete Wasser ergänzen. Nach 4–6maliger Verwendung sollten die Gewürze erneuert werden.
Die Marinade gewinnt nach wiederholtem Gebrauch immer mehr an Aroma. Ein Huhn, in Meistermarinade gekocht, nachdem vorher Rind- und Schweinefleisch darin gegart wurden, schmeckt ausgezeichnet.
Bereits gebrauchte Marinade wird auch häufig in kleinen Mengen (löffelweise) zum Würzen und Verbessern von Soßen verwendet.
Fleisch und Geflügel werden in größeren Stücken gekocht. Für Lamm und Wildfleisch wird wegen seines besonderen Geschmacks eine andere Marinade zubereitet. Es gibt 2 Arten von Meistermarinaden – die braune und die weiße.

Braune Meistermarinade
Dschiang Tze

4 Tassen Wasser,
1 Tasse dunkle Sojasoße,
¹/₃ Tasse Reiswein,
3 EL brauner Zucker,
Glutamat,
2 Sternanis,
2 chinesische Zimtstangen (etwa 5 cm lang),
2 Scheiben frischer Ingwer,
1 Stück getrocknete Mandarinenschale,
1 TL Fenchel,
1 TL Setschuan-Pfefferkörner.

Die Gewürze zusammen mit den übrigen Zutaten in einem Topf zum Kochen bringen und bei kleiner Hitze 10 Min. kochen lassen.
Nach dieser Zeit kann das zu kochende Fleisch zugegeben werden.

1 EL Marinade als Soßenbeigabe: Kalorien 10 / Joule 40.
Vor- und Zubereitungszeit: 15 Min.

Weisse Meistermarinade

Bai Tze

商味儿

Die Zutaten sind dieselben wie bei der braunen Soße, nur nimmt man statt der Sojasoße ¹/₄ Tasse Salz.

Kalorienwert minimal.
Vor- und Zubereitungszeit: 15 Min.

Süss-saure Sosse

Tang Tschu

米唐 酉昔

zu Fisch, Schweinefleisch, Won-Tans

¹/₂ Tasse Wasser,
3 EL Tomatenketchup
oder Tomatensoße,
2 EL Weinessig,
2 EL Zucker,
2 EL dunkle Sojasoße,
1 EL Reiswein,
Glutamat,
Chilisoße nach Belieben,
1 Knoblauchzehe, fein gehackt,
1 EL Stärke, mit wenig Wasser angerührt,
1 EL Öl.

Zutaten außer Knoblauch und Stärke mischen. Öl erhitzen, Knoblauch 10 Sek. anbraten. Soßenmischung zugeben, aufkochen lassen und mit der Stärke binden.

Kalorien 320 / Joule 1340.
Vor- und Zubereitungszeit: 10 Min.

Süss-saure Pflaumensosse

Suan Mei Tziang

酸木每醬

zu Pfannkuchen, Ente und Fisch

¹/₂ Tasse Wasser,
2 EL Zucker, 3 EL Essig,
3 EL Pflaumenmus oder zerquetschte, durch ein Sieb gedrückte, gekochte Pflaumen,
2 EL dunkle Sojasoße,
1 Prise Salz, Glutamat, Tabasco oder Chilisoße nach Belieben,
1 EL Stärke, mit wenig Wasser angerührt.

Wasser erhitzen und Zucker darin auflösen. Übrige Zutaten beigeben, kurz aufkochen lassen und mit Stärke binden.
Je nach Geschmack kann man 2–3 EL feingehackte Mixed Pickles dazugeben.

Kalorien 230 / Joule 960.
Vor- und Zubereitungszeit: 10 Min.

Süss-saure Mangososse

Suan Tiän Manguo Tziang

酸 甜木亡果醬

zu Geflügel

Wird wie die Pflaumensoße zubereitet. Statt der Pflaumen nimmt man Mangofrüchte.

Kalorien 230 / Joule 960.
Vor- und Zubereitungszeit: 10 Min.

Süss-saure Lycheesosse

Suan Tiän Litschi Tziang

酸甜荔枝醬

zu Geflügel

Zubereitung wie Pflaumensoße. Man nimmt Lychees aus der Dose und drückt sie durch ein Sieb oder zerstampft sie.

Kalorien 230 / Joule 960.
Vor- und Zubereitungszeit: 10 Min.

Bohnensosse mit Knoblauch

Suan Do Ban Tziang

蒜豆板醬

zu allen Meerestieren, Schweinefleisch und Ente

3 EL schwarze Bohnen, 1/2 Tasse Wasser,
2 EL Sojasoße, 2 EL Reiswein,
Prise Zucker, Glutamat,
einige Tropfen Sesamöl und Chilisoße,
1 EL Öl, 3 Knoblauchzehen, fein gehackt,
1 EL Stärke, mit Wasser angerührt.

Bohnen abspülen und fein zerquetschen. Mit dem Wasser, der Sojasoße, dem Reiswein und den Gewürzen mischen.
Öl erhitzen, Knoblauch kurz anbraten. Das Bohnengemisch zugeben, kurz aufkochen lassen und mit Stärke binden.

Kalorien 325 / Joule 1360.
Vor- und Zubereitungszeit: 15 Min.

Bohnensosse mit Reiswein

Tzio Do Ban Tziang

酒豆板醬

zu Schweinefleisch

Zubereitung wie die Bohnensoße mit Knoblauch. Man läßt den Knoblauch weg und nimmt die doppelte Menge Reiswein.

Kalorien 330 / Joule 1380.
Vor- und Zubereitungszeit: 15 Min.

Sojasosse mit Ingwer

Tziang Tziang Jio

老醬油

zu Fisch und Krustentieren

Auf 1/2 Tasse helle Sojasoße nimmt man 1 TL frisch geriebenen Ingwer.

Kalorien 205 / Joule 860.
Vor- und Zubereitungszeit: 5 Min.

Sojasosse mit Chili

La Tziao Tziang Jio

辣椒醬油

Auf 1/2 Tasse Sojasoße gibt man bis zu 2 EL Chilisoße.

Kalorien 205 / Joule 860.
Zubereitungszeit: 2 Min.

Tomatensosse

Fan Tzie Tziang

番茄醬

zu Fleisch- und Fischgerichten

2 EL Öl
1 große Zwiebel, fein gehackt,
2 Knoblauchzehen, fein gehackt,
3 EL Koriandergrün, fein gehackt,
1 EL Ingwer, fein gehackt,
1/2 Tasse Fleischbrühe,
5 EL Tomatenmark,
1 EL Sojasoße,
Salz, Pfeffer, Zucker, Glutamat,
1 TL Stärke, mit wenig Wasser angerührt.

Öl erhitzen, Zwiebel, Knoblauch, Koriander und Ingwer eine halbe Minute braten. Mit Fleischbrühe ablöschen und wieder zum Kochen bringen.
Tomatenmark und Sojasoße einrühren und würzen. Mit Stärke binden. Soße durch ein Sieb passieren.

Kalorien 125 / Joule 520.
Vor- und Zubereitungszeit: 15 Min.

Currysosse

Tzia Li Tziang

加厘醬

zu Fleischgerichten

2 EL Öl, 3 EL Currypulver,
1 EL Reiswein,
5 EL Fleischbrühe,
1 TL Stärke, mit wenig Wasser angerührt.

Öl erhitzen, Currypulver einrühren. Mit Reiswein und Brühe ablöschen. Aufkochen lassen und mit Stärke binden.

Kalorienwert minimal.
Vor- und Zubereitungszeit: 5 Min.

Grüne Pfeffersosse

Hu Tziao Tziang

古月木叔醬

zu Fleisch- und Wildgerichten

Bei dieser Soße können Sie das Aroma verstärken, wenn Sie noch 1/2 EL gemahlenen Setschuanpfeffer zugeben. Zu Grillgerichten, Fondues, kalten Vorspeisen darf sie nicht fehlen.

3 EL Brühe,
2 EL Reiswein,
1 EL dunkle Sojasoße,
2 EL grüner Pfeffer, zerdrückt,
2 EL Öl,
1 Knoblauchzehe, fein gehackt,
1 TL Maisstärke, mit wenig Wasser angerührt.

Brühe, Wein, Sojasoße und Pfeffer mischen. Öl erhitzen, Knoblauch anbraten und sofort die Soßenmischung zugeben. Kurz aufkochen lassen und mit der Maisstärke binden.

Kalorien 80 / Joule 335.
Vor- und Zubereitungszeit: 10 Min.

Pasten

Dschiang

醬

Zu kalten Gerichten, wie Eier und Fleisch, werden gerne Pasten zum Dippen gereicht. Auch hier gibt es eine Vielfalt verschiedener Mischungen, die sich nach dem individuellen Geschmack richten.
Besonders auf der Basis von Senf lassen sich abwechslungsreiche, pikante Pasten mischen. Einige Beispiele:

Senf mit Sojasoße und gehackten Essiggurken,
Senf mit Sojasoße und gehacktem Ingwer,
Senf mit Sojasoße und zerquetschten Mandarinen,
Senf mit Soja- und Austernsoße.

Als Basis nimmt man Senfpulver mit Wasser oder normalen, nicht zu scharfen Senf. Man mischt im allgemeinen 3 Teile Senf, 1 Teil flüssige Zutaten, 1 Teil feste Zutaten (Früchte, Mixed Pickles, Gurken). 1 Schuß Reiswein und eine Prise Glutamat verfeinern den Geschmack. Dominante sollte immer der Senf sein.
Pasten werden auch sehr häufig zum Bestreichen von Grillfleisch verwendet. Als Grundlage nimmt man in dem Fall Hoi-Sin-Soße, Bohnenpaste oder Sesampaste. Manche fertig zu kaufenden Pasten enthalten schon bestimmte Gewürze, jedoch empfehle ich, je nach persönlichem Geschmack nachzuwürzen.

Kalorienwert minimal.
Vor- und Zubereitungszeit: 2 Min.

Mango-Chutney

Manguo Tziang

木瓜醬

Für Chutneys, eine Art Kompott, gibt es viele Verwendungsmöglichkeiten. Als Paste zum Dippen, als Würzzutat, als Nachtisch oder Zwischengericht. Grundlage ist immer eine Frucht, die mit den angegebenen Zutaten gekocht wird.

200 g Mangofrüchte,
150 g brauner Zucker oder zerstoßener
Kandiszucker,
3 EL weißer Essig,
1 TL frischer Ingwer, fein gehackt,
2 EL Reiswein,
Prise Salz,
Glutamat,
1 EL Chilisoße,
1 Knoblauchzehe, fein gehackt.

Früchte schälen und in Stücke schneiden. Mit den Zutaten bei kleiner Hitze kochen, bis die Masse eindickt (10–15 Min.).
Bei Verwendung als scharfe Paste zum Dippen noch Chilisoße und Knoblauch mitkochen. Auch die Zugabe von gestoßenem grünem Pfeffer ist möglich.
Statt der Mangofrüchte kann man entsprechend dem persönlichen Geschmack auch andere Früchte nehmen: z.B. Lychees, Loquats, Pfirsiche, Aprikosen.
In verschließbaren Gläsern abgefüllt und im Kühlschrank aufbewahrt hält sich Chutney sehr lange.

Kalorien 700 / Joule 2930.
Vor- und Zubereitungszeit: 30 Min.

Vorspeisen und Salate

Ein komplettes chinesisches Menü beginnt immer mit einem Vorgericht, das meist kalt und mitunter zusammen mit den Hauptgerichten serviert wird.

Neben Eier-, Fleisch- und Gemüsegerichten kann man noch Nüsse, Kerne, eingelegtes Gemüse und dergleichen reichen. Besonders beliebt sind Lotusnüsse, Mandeln, Erdnüsse und Pinienkerne. Mandeln werden kurz in kochendes Wasser getaucht und leicht angeröstet.

Bei festlichen Essen stehen natürlich eine ganze Reihe dieser leckeren, appetitanregenden Kleinigkeiten auf dem Tisch und bleiben bis zum Schluß stehen, damit sich die Gäste auch zwischen den Gängen bedienen können. Viele Vorgerichte können auch warm als Teil der Hauptgerichte gereicht werden. Auch sind sie als Zwischenmahlzeit oder kleiner Imbiß sehr beliebt.

Fleisch, insbesondere Geflügel als Vorgericht wird nicht eiskalt, sondern temperiert, ja sogar mit Vorliebe lauwarm serviert. Die Chinesen stehen auf dem Standpunkt, daß zu kaltes Fleisch an Aroma verliert.

Vorgerichte sollen den Appetit anregen, sie werden daher auch mit besonderer Sorgfalt angerichtet und garniert.

Beachten Sie aber immer bezüglich der Menge: nur anregen, nicht satt machen!

Salate, wie sie die westliche Küche kennt, sind dem Chinesen etwas Fremdes. Zunächst liebt er es aus hygienischen und vielleicht auch aus geschmacklichen Gründen nicht, Gemüse roh zu essen.

Und wenn eine Art Salat bereitet wird, muß das verwendete Gemüse auf alle Fälle gründlich mit kochendem Wasser gebrüht werden, mit Ausnahme von Gemüsesorten, wie Gurken, die leicht zu säubern sind oder geschält werden.

Die chinesische Zubereitungsart, besonders die südchinesische, gewährleistet ein Höchstmaß an Erhaltung der Vitamine. Und dies ist ja der Hauptgrund, warum in der westlichen Küche Salat eine so große Rolle spielt. Ich wage zu bezweifeln, ob bei den Salatliebhabern geschmackliche Gründe von ausschlaggebender Bedeutung sind. Vielfach ist sicher die Triebfeder zum Genuß von Salaten in der Angst um die Linie zu suchen, weil auf der andern Seite zu viel »gesündigt« wird. Diese Probleme bereiten den Chinesen im allgemeinen wenig Kummer. Die chinesische Kost, mit Ausnahme der nördlichen, ist insgesamt kalorienarm, so daß er ein Zuviel nicht mit Salaten ausgleichen muß. Dies soll durchaus kein Plädoyer gegen Salate sein, sondern nur eine Erklärung für das dürftige Angebot an Salaten in der original chinesischen Küche.

Mixed-Pickles
Tza cai

榨菜

Es gibt sie, ähnlich den europäischen Sauerkonserven, in zahlreichen Variationen. Sie kommen aus der Provinz Setschuan und sind in China mehr unter dem Namen »Konserviertes Setschuan-Gemüse« bekannt. Meist ist es gesalzen eingelegt, mitunter auch süß-sauer. Verwendet werden vorwiegend Kohlsorten.

Das eingelegte Gemüse wird als Beilage zu Fleischgerichten gereicht, fast könnte man sagen als eine Art Salat. In Europa ist konserviertes Setschuan-Gemüse noch kaum auf dem Markt, doch ist es völlig unproblematisch, es selbst nach den folgenden Rezepten herzustellen.

Gesalzener Kohl
Siän Zai
卤戌菜

200–300 g Chinakohl (oder Weißkohl),
3/4 l Wasser mit 150 g Salz,
2–3 Knoblauchzehen, zerdrückt,
1 TL Setschuanpfeffer,
1–2 Chilischoten (oder Pfefferschoten).

Kohl waschen, quer in Streifen schneiden und mit kochendem Wasser übergießen (blanchieren). Das Wasser mit dem Salz abkochen und nach dem Abkühlen über den Kohl gießen.
Knoblauch, Pfeffer und Chili in der Pfanne mit wenig Öl 30 Sekunden braten und zu dem Kohl geben. Gut durchmischen und zugedeckt bis zur Verwendung mindestens 1–2 Tage stehen lassen.
Bewahrt man es länger auf, ist darauf zu achten, daß der Kohl mit dem Salzwasser bedeckt ist. Am besten stellt man es in einem verschließbaren Glas in den Kühlschrank.

Längere Zeit eingelegt, sollte man es vor Gebrauch kurz wässern.

Protein 5 g, Fett –, Kohlenhydrate 10 g, Kalorien 60 / Joule 250
Vorbereitungszeit: 5 Min.
Zubereitungszeit: 5 Min.

Gemüse süss-sauer
Tza Zai
杂佳菜

1 Tasse Chinakohl (oder Weißkohl),
1/2 Tasse Bambussprossen,
1/2 Tasse rote Paprikaschoten,
1/2 Tasse grüne Paprikaschoten,
1/2 Tasse Stangensellerie.
Für die Marinade:
5 EL Wasser,
5 EL weißer Essig,
3 EL Zucker, 1 EL grüner Pfeffer,
1 TL Chilisoße,
Salz, Glutamat.
Außerdem:
Öl zum Braten,
2 Knoblauchzehen, zerdrückt,
1 Stückchen frischer Ingwer.

Das Gemüse in feine Streifen schneiden, mit kochendem Salzwasser übergießen und 5 Minuten stehen lassen. In der Zwischenzeit die Zutaten für die Marinade mischen. Das Salzwasser abgießen.
Öl in der Pfanne erhitzen, Knoblauch und Ingwer 30 Sekunden braten und wieder aus der Pfanne nehmen. Sofort die Marinade in die Pfanne geben, kurz aufkochen lassen und über das Gemüse gießen.

Gedämpfter Fisch
Rezept Seite 46

Nach dem Abkühlen in ein Glas mit Verschluß geben. Das Gemüse etwas zusammendrücken, damit es mit der Marinade bedeckt ist. Vor Gebrauch einen Tag stehen lassen.

Protein 5 g, Fett 10 g, Kohlenhydrate 50 g.
Kalorien 360 / Joule 1505.
Vorbereitungszeit: 10 Min.
Zubereitungszeit: 5 Min.

Tee-Eier
Tza Ye Dan
茶葉蛋

Ein sehr dekoratives Gericht. Die Eier werden außen leicht braun und sind durch die fein angeschlagene Schale mit einer dunklen Netzzeichnung überzogen. Obendrein haben sie noch ein feines Aroma nach Sternanis und Zimt.
Probieren Sie sie mal als Ostereier.

6 Eier
1 EL schwarzer Tee,
1 Stück Zimt,
1 Sternanis,
2 EL dunkle Sojasoße,
Salz, Zucker, Glutamat.

Eier hart kochen. Abkühlen lassen. Schale ringsum anschlagen, aber nicht schälen. Eier in einen Topf legen und so viel Wasser zugeben, daß sie bedeckt sind. Tee und Gewürzzutaten zugeben und bei kleiner Hitze 1 Stunde köcheln.
Abkühlen lassen, Eier schälen, halbieren oder vierteln und servieren.

Protein 40 g, Fett 40 g, Kohlenhydrate –.
Kalorien 535 / Joule 2240.
Vorbereitungszeit: 5 Min.
Zubereitungszeit: 70 Min.

Soja-Eier
Tziang Yo Dan
醬油蛋

Soja-Eier haben in China die gleiche Bedeutung wie hier die Soleier. Man verzehrt sie bei jeder Gelegenheit, vorwiegend jedoch als Vorspeise oder als Bestandteil eines kalten Büffets.

6 hartgekochte Eier (7 Min.).
Für den Sud:
5 EL dunkle Sojasoße,
1/2 Tasse Wasser,
1 TL Zucker,
1 TL Chilisoße,
1 TL Öl, Salz.

Die Zutaten für den Sud mischen und in einem Topf erhitzen.
Die geschälten, hartgekochten Eier hineingeben und 5 Minuten bei kleiner Hitze kochen. Vom Feuer nehmen und weitere 30 Min. im Topf lassen, häufig drehen oder schwenken, bis sie gleichmäßig Farbe haben.
Eier halbieren oder vierteln, anrichten und garnieren. Dazu reicht man eine Senfpaste mit Sojasoße.

Protein 45 g, Fett 30 g, Kohlenhydrate –.
Kalorien 465 / Joule 1945.
Zubereitungszeit: 45 Min.

Gefüllte Eier

Niang Dan

丙襄蛋

Als Vorgericht wie als Gang eines Menüs verwendbar. Wenn Sie diese Eier in das kalte Büffet einer Party aufnehmen, können Sie nicht genug davon machen.

6 Eier,
100 g Krabben
oder Garnelenfleisch,
gekocht und fein gehackt,
1/2 TL frischer Ingwer, gerieben,
1 EL Reiswein,
Salz,
Pfeffer,
1–2 EL helle Sojasoße.

Eier etwa 6 Min. kochen, damit der Dotter noch etwas weich ist. Abschrecken, kalt werden lassen, vorsichtig schälen und halbieren. Dotter herausnehmen. Mit den Krabben, Ingwer und Reiswein vermischen und würzen.
In die Höhlung der Eihälften jeweils einige Tropfen Sojasoße träufeln und 1–2 TL der Mischung draufsetzen. Anrichten und garnieren.
Die Eier können kalt oder heiß gegessen werden. Wenn sie heiß serviert werden, stellt man die Eier in einer gefetteten feuerfesten flachen Auflaufform 10 Min. in den heißen Backofen.

Protein 60 g, Fett 40 g, Kohlenhydrate 10 g.
Kalorien 660 / Joule 2760.
Vorbereitungszeit: 10 Min.
Zubereitungszeit: 16 Min.

Eier mit Austern

Hao Dan

Ein absolutes Feinschmeckergericht, zu dem auch in China ein guter Tropfen nicht verschmäht wird und in Europa obligatorisch ist. Eine Erfindung aus den Küstengebieten, wobei im Mittelosten, in der Gegend von Schanghai, auf jeden Happen ein Tropfen Sambal kommt.

6 Eier,
12 Austern,
1–2 EL Reiswein,
1–2 EL Öl,
Zitronenschnitze.

Eier hart kochen, abschrecken und schälen. Austern aus der Schale nehmen, Bärte entfernen. 1–2 EL der Muschelflüssigkeit mit dem Reiswein vermischen (etwa halb und halb).
Eier vorsichtig halbieren, damit die Dotter nicht zerbrechen. Dotter herausnehmen und in die Höhlung eine Auster mit etwa einem halben TL der Brühe legen. Einige Tropfen Öl auf die Auster streichen und den Dotter draufsetzen.
Die Eierhälften in eine feuerfeste Form setzen, die man zuvor ganz fein mit Öl einfettet. Backofen auf 200 Grad erhitzen, und die Eier 2–3 Min. backen. Mit den Zitronenschnitzen anrichten.

Protein 50 g, Fett 50 g, Kohlenhydrate 5 g.
Kalorien 690 / Joule 2885.
Vorbereitungszeit: 15 Min.
Zubereitungszeit: 3 Min.

Gemüse-Toast

Zai Mien Baou

柴麦面包

Ebenfalls ein Gericht der neueren Zeit. Die Kartoffel wurde in China in bescheidenem Umfang erst angebaut, als sie in Europa längst bekannt war. Statt Brot wird auch bei diesem Rezept gerne Reiskuchen genommen.

200 g Kartoffeln,
3 EL Karotten, gerieben,
3 EL Champignons, fein gehackt,
1 Eiweiß,
1¹/₂ EL Maisstärke,
Salz,
Glutamat,
6 Scheiben Toastbrot,
3 EL Schinken, gehackt,
2 EL Petersilie, gehackt,
1 TL Sesamsamen,
Tomaten-Ketchup.

Kartoffeln schälen, kochen und zu Brei zerdrücken. Mit den Karotten, den Champignons, dem Eiweiß und der Maisstärke mischen und würzen.
Toastbrot in je 4 Stücke schneiden. Mit dem Brei dick bestreichen. Gehackten Schinken, Petersilie und Sesamsamen darüberstreuen und leicht andrücken. Die Stücke im Backofen bei mittlerer Hitze 10 Min. backen. Mit Tomaten-Ketchup servieren.

Protein 25 g, Fett 5 g, Kohlenhydrate 140 g.
Kalorien 720 / Joule 3010.
Vorbereitungszeit: 10 Min.
Zubereitungszeit: 30 Min.

Hühnergelee

Tzi Gao

雞膏

Eine Vorspeise, die in Yangtschao zu Hause ist und mit Abwandlungen auch außerhalb dieser Gegend Liebhaber gefunden hat.

2 EL Reiswein,
1 EL helle Sojasoße,
1 Huhn,
2 Scheiben frischer Ingwer,
1 Stück Lauch,
1 Blatt Gelatine
oder Agar-Agar,
¹/₂ Tasse grüne Erbsen,
Hühnerbrühe.

Reiswein und Sojasoße mischen. Huhn säubern, leicht salzen und 10 Min. stehen lassen. Innen und außen mit Reiswein und Sojasoße einpinseln. In eine Schüssel oder einen Dämpfereinsatz legen.
Rest der Marinade, Ingwer und Lauch zugeben und eine ³/₄–1 Std. dämpfen. Herausnehmen, das Fleisch in kleine Stücke schneiden und in eine Schüssel geben.
Gelatine einweichen. Die sich beim Dämpfen gebildete Brühe auf 2 Tassen ergänzen und in einen Topf geben.
Gelatine und Erbsen zugeben und aufkochen lassen.
Nachwürzen und über das Fleisch gießen. Kühlen und auf eine Platte stürzen.

Protein 135 g, Fett 20 g, Kohlenhydrate 5 g.
Kalorien 760 / Joule 3180.
Vorbereitungszeit: 10 Min.
Zubereitungszeit: 60 Min.

Betrunkenes Huhn
Dschuei Tzi
西辛美住

Achten Sie bitte genau auf die Reihenfolge der Zubereitung. Das Huhn wird nicht vor dem Schlachten betrunken gemacht, sondern nachher schön und ausgiebig in Wein gebadet. Das genügt der chinesischen Sprachphantasie, um diesem Gericht den ulkigen Namen zu geben. Und dieser Ulk hatte in Schanghai seine Wiege.

1 Huhn,
Hühnerbrühe,
1–2 Tassen Reiswein, Salz.

Das Huhn säubern und etwa 45 Min. in wenig Wasser dämpfen. Abkühlen lassen und in 8–10 Stücke teilen. Den Fleischsaft mit Hühnerbrühe zu einer Tasse ergänzen. Die Fleischstücke gut salzen und in einen Topf schichten.
4–5 Std. stehen lassen, dann Wein und Brühe mischen und so viel über das Fleisch gießen, daß es gerade bedeckt ist. Die übrige Mischung aufbewahren.
Den Topf zugedeckt 2–3 Tage in den Kühlschrank stellen. Das Fleisch in mundgerechte Stücke schneiden, anrichten und mit der aufbewahrten, restlichen Weinmischung begießen.
Dazu reicht man eine Senfpaste mit Ingwer zum Dippen.

Protein 90 g, Fett 25 g, Kohlenhydrate –.
Kalorien 600 / Joule 2510.
Vorbereitungszeit: 10 Min.
Zubereitungszeit: 45 Min.

Hähnchen in Wein
Tzi Zio
美住酒

Ein sehr einfaches Gericht, das wenig Arbeit macht. Vor dem Anrichten das Fleisch von den Knochen lösen. Zu kleine Stückchen kann man aufbewahren und anderweitig verwenden. Sehr wichtig ist eine zu Hühnerfleisch passende würzige Soße zum Dippen.

1 Hähnchen,
5 EL Reiswein,
1 TL frischer Ingwer, gehackt,
1 Knoblauchzehe, fein gehackt,
einige Tropfen Tabasco,
Pfeffer,
Salz, Glutamat.

Hähnchen säubern und kurz einige Male in kochendes Wasser tauchen. In 8–10 Teile schneiden.
Das Fleisch in den Reiswein mit den Gewürzen legen und mindestens 1 Std. stehen lassen. Ab und zu wenden.
Fleisch mit der Marinade etwa $3/4$–1 Std. dämpfen. Fleisch herausnehmen und kalt werden lassen.
Die verbleibende Brühe kann als Soße verwendet werden. Dazu mischt man noch 2 EL Sojasoße und 2 EL Ketchup unter. Auch eine Currysoße eignet sich sehr gut zum Dippen.

Protein 90 g, Fett 25 g, Kohlenhydrate –.
Kalorien 600 / Joule 2510.
Vorbereitungszeit: 10 Min.
Zubereitungszeit: 60 Min.

Huhn in Meistersosse

Lu Suei Tzi

鹵水雞

Ein pikant schmeckendes Vorgericht, das besonders gut ist, wenn in der Meistersoße vorher Schweine- und Rindfleisch gekocht wurde.

1 Huhn,
Meistermarinade,
Sesamöl

Das Huhn waschen und abtrocknen. Die Marinade zum Kochen bringen, dann das Huhn in die kochende Soße legen. Wenn die Soße wieder kocht, Hitze reduzieren und zugedeckt 30 Min. köcheln. Falls die Soße das Huhn nicht bedeckt, muß es ab und zu gewendet werden.
Vom Feuer nehmen und zugedeckt weitere 30 Min. zum Abkühlen stehen lassen. Dann außen mit Sesamöl einpinseln; das Huhn in Stücke teilen und mit einer Dippsoße anrichten.

Protein 90 g, Fett 25 g, Kohlenhydrate –.
Kalorien 600 / Joule 2510.
Zubereitungszeit: 70 Min.

Garnelen-Toast

Gia Dschi Mien Baou

蝦子饅頭

Ein delikates Gericht aus Yangtschao. Wenn sie kein Freund von Ingwer sind, nehmen Sie weniger und dafür noch eine Prise Zimt.

200 g Garnelen oder Krabbenfleisch,
fein gehackt,
1 Eiweiß,
1 EL Maisstärke,
1 TL Reiswein,
1/2 TL frischer Ingwer, gerieben,
Zucker,
Salz, Glutamat,
3 schwarze Pilze,
4 EL Schinken, fein gehackt,
6 Scheiben Toastbrot,
Koriandergrün oder Petersilie zum
Garnieren.

Garnelen mit dem Eiweiß, der Maisstärke, dem Reiswein und den Gewürzen mischen. Pilze ca. 15 Min. in Wasser einweichen und in feine Streifen schneiden.
Die Brote mit der Garnelenmischung bestreichen und mit Schinken, Pilzen und Koriander garnieren. Im Backofen bei mittlerer Hitze etwa 10 Min. backen.

Protein 65 g, Fett 10 g, Kohlenhydrate 65 g.
Kalorien 625 / Joule 2615.
Vorbereitungszeit: 12 Min.
Zubereitungszeit: 10 Min.

Schweinefleisch in Meistersosse Setschuanart

Lu Suei Dschu Ro

鹵水豬肉

400 g Schweinefleisch vom Bauch,
Setschuanpfeffer,
Chilischoten,
Meistermarinade.

Das Schweinefleisch abbrühen und abtropfen lassen. Meistermarinade zum Kochen bringen und das Schweinefleisch zugeben. Wieder aufkochen lassen und dann bei kleiner Hitze zugedeckt 1¹/₂ Std. kochen.

Vom Feuer nehmen und noch ¹/₂ Stunde zugedeckt stehen lassen, dann herausnehmen. Das Fleisch quer in 3 cm dicke Scheiben schneiden, reichlich mit ganzem Setschuanpfeffer und einigen grob geschnittenen Chilischoten bestreuen und einen halben Tag stehen lassen.

Vor dem Anrichten Pfeffer und Chili wieder abstreifen und das Fleisch in mundgerechte Stücke schneiden. Mit Pfeffersoße servieren.

Protein 75 g, Fett 85 g, Kohlenhydrate –.
Kalorien 1100 / Joule 4585.
Zubereitungszeit: 2¹/₄ Std.

Kohlsalat
Bai Zai Sa Lü
白菜沙律

Ein Salat mit einer besonderen Note aus dem Süden Chinas. Eine Delikatesse nicht nur für Vegetarier.

400 g Chinakohl oder Weißkohl,
50 g Kokosnuß, geraspelt,
1 Tasse frische Ananaswürfel,
1 kleine Zwiebel, fein gehackt,
1 Knoblauchzehe, fein gehackt,
1 EL weißer Essig,
3 EL Zitronensaft,
Salz, Pfeffer, Zucker.

Kohl fein schneiden, abbrühen und 3 Min. im heißen Wasser stehen lassen. Dann das Wasser abschütten.

Kohl mit den übrigen Zutaten gut vermischen und würzen. 10 Min. ziehen lassen und vor dem Servieren nochmals durchmischen.

Protein 15 g, Fett 20 g, Kohlenhydrate 25 g.
Kalorien 350 / Joule 1465.
Zubereitungszeit: 10 Min.

Krabben-Gurken-Salat
Zing Gua Sia Dschi Sa Lü
青瓜蝦子沙律

Dieser Salat bekommt durch die Zugabe von Krabben eine besondere Note.

1 Salatgurke,
150 g Krabben aus der Dose,
1 Bund Koriandergrün,
2 EL helle Sojasoße,
2 EL weißer Essig,
1 EL Sesamöl, Pfeffer, Zucker.

Die Gurke schälen und längs halbieren. Kerne herausschaben, die Gurkenhälften quer in Scheiben schneiden. Zusammen mit den Krabben in eine Schüssel geben. Koriandergrün fein schneiden. Sojasoße, Essig und Öl mischen, würzen und über den Salat gießen. Mit Koriandergrün bestreuen und servieren.

Protein 30 g, Fett –, Kohlenhydrate 15 g.
Kalorien 265 / Joule 1115.
Zubereitungszeit: 10 Min.

Leber-Paste
Gan Tziang

肝醬

Für diese Paste hat jede Hausfrau und jeder Koch eigene Tricks, und es gibt, ähnlich wie bei den französischen Leberpasteten, eine Fülle von Geschmacksnuancen. Bei mir zu Hause wird sie wie folgt zubereitet:

1 Stück frischer Ingwer, daumengroß,
1 Schalotte,
3 EL Wasser,
300 g Geflügelleber,
1 Ei, 2 EL Reiswein,
1 EL Geflügelschmalz,
Salz, Pfeffer, Glutamat.

Ingwer und Schalotte im Mixer zerkleinern, Wasser zugeben und beiseite stellen. Leber säubern und ganz fein hacken. Ingwer-Schalotten-Brühe durchsieben. Die Flüssigkeit zusammen mit den übrigen Zutaten unter die Leber heben und gründlich durchmischen.
Eine feuerfeste Form oder mehrere kleinere Formen einfetten, die Paste hineingeben und 20–30 Min. bei mittlerer Hitze dämpfen.
Die Leber-Paste kann heiß oder kalt mit Toast gereicht werden.
Gekühlt stürzt man die Paste aus der Form und richtet sie mit Petersilie und Cocktailkirschen an.

Protein 60 g, Fett 30 g, Kohlenhydrate 10 g.
Kalorien 565 / Joule 2360.
Vorbereitungszeit: 10 Min.
Zubereitungszeit: 30 Min.

Rindfleisch mit würziger Sosse
Huei Nui Ro

會牛肉

300 g mageres Rindfleisch,
Salz.
Für die Soße:
1 EL Knoblauch, fein gehackt,
2 EL Sesamöl,
3 EL helle Sojasoße,
1 EL Zucker,
Salz, Glutamat.
Außerdem:
Paprika, in feine Streifen geschnitten,
Koriandergrün, grob geschnitten.

Das Fleisch in Wasser mit Salz 1–2 Stunden kochen, bis es weich ist. Herausnehmen, abkühlen lassen und in den Kühlschrank stellen.
Die Brühe kann für Suppen oder dergleichen verwendet werden. Man kann sie auch auf die Menge einer Tasse weiter einkochen, abkühlen lassen und, wenn sie fest geworden ist, in Würfel schneiden und zum Garnieren verwenden. (Während des Einkochens mit Salz und etwas 5-Gewürz-Pulver würzen.)
Die Zutaten für die Soße mischen. Das Fleisch in dünne Scheiben schneiden, die Soße darübergießen und mit Koriandergrün und Paprikastreifen anrichten.

Protein 70 g, Fett 15 g, Kohlenhydrate 20 g.
Kalorien 510 / Joule 2130.
Vorbereitungszeit: 5 Min.
Zubereitungszeit: 1–2 Std.

Schanghai-Salat

Sanghai Sa Lü

上海沙律

Diesen Salat richtet man am besten für jede Person getrennt auf einer kleinen Schale an. Sie sollten auf jeden Fall noch verschiedene Gewürze auf den Tisch stellen, damit jeder nachwürzen kann. Bei Salaten gehen die Geschmäcker bekanntlich sehr auseinander.

2 Eier,
4 Scheiben roher Schinken,
1 kleine Salatgurke,
20 g Glasnudeln.
Für die Soße:
3 EL Essig,
2 EL Sojasoße,
1 EL Zucker,
1/2 TL Sesamöl,
1 TL grüner Pfeffer,
Salz.

Aus den Eiern beidseitig gebackene Eierkuchen machen. Eierkuchen, Schinken, entkernte Gurke in lange dünne Streifen schneiden.
Glasnudeln mit kochendem Wasser übergießen und 5 Min. stehen lassen. Mit kaltem Wasser abschrecken, abtropfen lassen und schneiden. Diese Zutaten in Gruppen auf einer Platte anrichten.
Zutaten für die Soße mischen und kurz vor dem Servieren darübergießen.

Protein 35 g, Fett 30 g, Kohlenhydrate 40 g.
Kalorien 585 / Joule 2450.
Zubereitungszeit: 10 Min.

Gefüllte Pilze

Nang Siang Gu

西襄香菇

Eine außergewöhnliche, nicht sehr bekannte Spezialität der Pekingküche. Achten Sie darauf, daß die Pilze gut weich und gleich groß sind.

15 mittelgroße schwarze Pilze,
200 g mageres Schweinefleisch,
fein gehackt,
1 Knoblauchzehe, gehackt,
2 Scheiben frischer Ingwer, fein gehackt,
einige Tropfen Sesamöl,
1 TL dunkle Sojasoße,
1 TL Maisstärke,
2 EL Reiswein,
1 Frühlingszwiebel, fein gehackt,
Salz, Pfeffer,
5-Gewürz-Pulver,
Glutamat.

Die Pilze etwa 15–20 Min. in etwas Wasser einweichen, dann vorsichtig ausdrücken und Stiele abschneiden. Das Fleisch mit den übrigen Zutaten gut mischen. Bällchen formen und auf die Unterseite der Pilze drücken.
Die Pilze (Hut unten, Fleischhäufchen oben) 20 Min. dämpfen oder im Backofen bei mittlerer Hitze backen.
Zum Dippen eignet sich gut eine Senf-Soja-Paste.

Protein 45 g, Fett 10 g, Kohlenhydrate 10 g.
Kalorien 320 / Joule 1340.
Vorbereitungszeit: 5 Min.
Zubereitungszeit: 20 Min.

Fischgerichte

Fisch und sonstige Meerestiere zählen in China nicht nur zu den Delikatessen, sondern sind auch eines der Hauptnahrungsmittel. Zu einem Menü gehört unbedingt ein Fischgericht.

China hat große Küstengebiete, die sich über Tausende von Kilometern erstrecken, viele Flüsse, Kanäle und Seen. Es ist daher schon immer reich an Fischen und Meerestieren gewesen. Und da man schon seit einigen tausend Jahren das Konservieren von Fisch durch Trocknen kennt, kam Fisch auch in die Gegenden, die diese Nahrungsquelle nicht vor der Tür hatten.

Geräte für den Fischfang, wie Reusen und Netze, sind in China seit etwa 5000 Jahren bekannt. Auch wurden seit dieser Zeit Fische gezüchtet. Der Teich war Mittelpunkt des Dorfes. Und die Tiere wurden mit den Abfällen der Haushalte gefüttert.

Der Fisch hat, ähnlich wie beim Christentum, auch symbolische Bedeutung, er ist Zeichen des Wohlstandes, des Glücks und der Harmonie. Der Karpfen ist dazu noch das Sinnbild für langes Leben.

Seiner Bedeutung entsprechend kennt der Chinese Hunderte von Fischgerichten und Zubereitungsarten.

Wichtig bei der Zubereitung von Fischen sind die Gewürzbeigaben, um den Gerichten allzu penetranten Fischgeschmack weitgehend zu nehmen. Dabei spielen Ingwer, Schalotten, Reiswein oder Sherry eine große Rolle.

Grundvoraussetzung für ein delikates Gericht ist natürlich die Verwendung von frischen Fischen und Meerestieren. Besonders dann, wenn Fisch gedämpft werden soll oder wenn es sich um ein Mischgericht handelt. Hier darf keinesfalls zu starker Fischgeruch die Geschmackskombination stören, und je länger ein Fisch gelagert ist, desto stärker ist sein Geruch.

Verwendet werden neben dem bevorzugten Karpfen Flußbarsch, Hecht, Schleie, Lachs, Mandarinfisch, Kabeljau, Stör, Seebarsch, Hering und Haifisch. Daneben noch viele andere Arten, die jedoch nur lokale Bedeutung haben und allgemein weniger bekannt sind. Wenn Sie einmal nach China kommen, versuchen Sie ruhig eine unbekannte Sorte. Sonstige verwendete Fluß- und Meerestiere sind Krebse, Krevetten, verschiedene Krabbenarten, Steingarnelen, Abalone und zahlreiche Süß- und Meerwassermuscheln.

Sie können für die Gerichte ohne weiteres die heimischen Fischarten verwenden. Nehmen Sie jedoch grätenreiche Fische nur zur Herstellung von Fischbrühe.

Da der Chinese, und besonders der Kantonese, großen Wert auf die Erhaltung des natürlichen Geschmacks legt, zieht er bei Fisch das Kochen oder Dämpfen vor. Krustentiere werden häufig nur in normalem Wasser ohne jegliche Zusätze gekocht und mit einer Soße zum Dippen serviert, die bei der Setschuanküche und im Süden unter dem Einfluß der indonesischen Küche sehr scharf sein kann.

Bei den Rezepten für Krustentiere wird von frischer Ware ausgegangen. Bei Verwendung von Konserven braucht auch nach gründlichem Wässern kaum Salz zugegeben zu werden. Und die Kochzeiten beschränken sich praktisch auf das Durcherhitzen. Wenn man Fische mit Zitronensaft einreibt, bleibt das Fleisch fest. Nicht bei zu starker Hitze braten, sonst platzt die Haut. Fische bis zur Größe eines Karpfens werden fast ausschließlich ganz serviert. Krabben und Garnelen werden beim Braten oder Fritieren schön knusprig, wenn man sie vor der Zubereitung mit ein wenig Backsoda bestreut, 15 Minuten stehen läßt und dann das Soda kurz wieder abspült.

Gedämpfter Fisch
Dschang Yü

蒸魚

(Zum Foto auf Seite 36)

Ein frischer Fisch, auf chinesische Art gedämpft, ist in der Natürlichkeit des Geschmacks unübertrefflich. Mit der entsprechenden Soße dazu schmeckt einer besser als der andere. Für Süßwasserfische empfiehlt sich eine im Aroma etwas schwächere Soße, für Meeresfische eine etwas stärkere, pikantere. Den Fisch zum Dämpfen immer ganz lassen, also mit Kopf.

1 ganzer Fisch (ca. 1–1¹/₂ Pfund) oder entsprechend 2 kleinere,
Saft einer halben Zitrone,
1 TL frisch geriebener Ingwer,
¹/₄ Tasse Reiswein.

Den Fisch ausnehmen und säubern. Zitronensaft und Ingwer mit etwas Wasser mischen und den Fisch sorgfältig außen und innen begießen. Abtropfen lassen und 10 Min. stehen lassen.
Wenn notwendig, mit Küchenkrepp noch abtrocknen, dann den Fisch mit Reiswein begießen und 10–15 Min. dämpfen.
Herausnehmen, die sich gebildete Brühe abgießen und den Fisch anrichten. Die Brühe kann für die Zubereitung der Soße verwendet werden.

Protein 70 g, Fett –, Kohlenhydrate –.
Kalorien 290 / Joule 1215.
Vorbereitungszeit: 15 Min.
Zubereitungszeit: 15 Min.

Hier einige Beispiele für Soßen, soweit Sie sich nicht für eine in dem Kapitel »Soßen« angeführte entscheiden:

Sosse 1
Dschiang dschji

醬一

5 EL Reiswein,
3 EL helle Sojasoße,
1 TL Zucker,
¹/₂ TL Ingwerpulver,
1 EL Sesamöl,
Salz,
Glutamat.

Alle Zutaten miteinander mischen, in die Pfanne geben, aufkochen lassen, gut durchrühren und über den Fisch geben. Sofort servieren.

Sosse 2
Dschiang är

3 EL Hühnerbrühe,
5 EL Bohnensoße,
1 EL Zucker,
1 EL Zitronensaft,
2 Knoblauchzehen,
1 Stück frischer Ingwer, 2–3 cm lang,
1 Frühlingszwiebel,
3 EL Öl.

Brühe, Soße, Zucker und Zitronensaft mischen. Knoblauch, Ingwer und Frühlingszwiebel fein hacken. Öl erhitzen, Knoblauch, Ingwer und Frühlingszwiebel kurz anbraten, die Soßenmischung zugeben, aufkochen lassen und über den angerichteten Fisch gießen.

Gekochter Fisch mit süss-saurer Sosse
Dschu yü

1 Süßwasserfisch (am besten
750 g Karpfen oder Hecht),
Saft von 2 Zitronen,
Salz.
Für den Sud:
1/2 l Wasser,
3 EL Essig,
2 EL Zucker,
3 Sternanis,
1 Bund Koriandergrün,
5 EL Reiswein,

1 EL grob gehackter, frischer Ingwer.
Außerdem:
2 EL Sojasoße,
1 EL Maisstärke, mit wenig Wasser angerührt.

Fisch säubern, leicht salzen und mit dem Zitronensaft innen und außen einreiben. 20 Min. stehen lassen und noch ein oder zweimal mit Zitronensaft einreiben.
Die Zutaten für den Sud mischen und zum Kochen bringen. Fisch je nach Dicke 10–15 Min. zugedeckt kochen. Den Fisch auf eine vorgewärmte Platte geben.
Den Sud durchsieben und wieder zum Kochen bringen. Sojasoße zugeben und mit der Stärke binden. Die Soße über den Fisch gießen.

Protein 50 g, Fett 5 g, Kohlenhydrate 50 g.
Kalorien 455 / Joule 1905.
Vorbereitungszeit: 10 Min.
Zubereitungszeit: 20 Min.

Gebackener Fisch in süss-saurer Sosse
Tang Dschu Ziän Yü

Gerichte mit süß-saurer Soße sind im mittleren und südlichen China sehr beliebt. Neben süß-saurer Suppe und Schweinefleisch darf natürlich ein Fischgericht in dieser Art nicht fehlen.
Sie können alle gängigen Arten von Seefisch nehmen, wie Seelachs, Kabeljau, Schellfisch oder Scholle.

400 g Fischfilet,
2 EL helle Sojasoße,
1 TL frisch geriebener Ingwer,
Salz, Pfeffer, Glutamat,
1 EL Mehl.
Für den Teig:
1 Ei, 3 EL Mehl,
2 EL Maisstärke,
1 EL Schweinefett,
Salz, Pfeffer,
1–2 EL kaltes Wasser.
Für die Soße:
2 EL Tomaten-Ketchup,
2 EL Essig, 2 EL Zucker,
4 EL Brühe,
1 EL helle Sojasoße,
1 EL Maisstärke, mit Wasser angerührt,
1 Knoblauchzehe, fein gehackt.
Außerdem:
Öl zum Fritieren,
1 rote Paprikaschote, in Streifen
geschnitten,
1 grüne Paprikaschote, in Streifen
geschnitten, 1 EL Öl.

Fisch in ca. 6 cm große Stücke schneiden.
Sojasoße, Ingwer, Salz, Pfeffer und Glutamat mischen. Den Fisch damit einreiben,
danach mit dem Mehl bestäuben.
Teigzutaten mischen. Soßezutaten mischen. Öl zum Fritieren erhitzen.
Die Fischstücke in dem Teig wenden, einzeln in dem Öl kurz anbacken und herausnehmen. Wenn alle Stücke angebacken
sind, wieder in das Öl geben und goldbraun
backen. Aus dem Öl nehmen, abtropfen
lassen und auf eine heiße Platte geben.
Die Paprikaschoten im gleichen Öl ½ Min.
fritieren, herausnehmen und auf der Platte
mit dem Fisch anrichten.

1 EL Öl in der Pfanne erhitzen, die Soße in
die Pfanne geben und erhitzen, bis sie aufkocht und dick wird. Vom Feuer nehmen
und über Fisch und Paprikaschoten gießen.

Protein 85 g, Fett 15 g, Kohlenhydrate 95 g.
Kalorien 875 / Joule 3660.
Vorbereitungszeit: 20 Min.
Zubereitungszeit: 12 Min.

Fisch mit Austern
Hao Yü

蠔魚

Nur beim Erwähnen dieses Gerichts läuft
sogar dem Gourmand das Wasser im
Munde zusammen. Würzen Sie zurückhaltend und nehmen Sie keine zu pikante
Fischbrühe. Ich gebe dem Sud noch eine
kleine Prise chinesischen Zimt zu.

1 Süßwasserfisch ca. 500–600 g (Forelle,
Hecht, Karpfen), Saft einer Zitrone.
Für den Sud:
1 EL Öl, ½ Tasse Fischbrühe,
5–6 dünne Scheiben frischer Ingwer,
Glutamat, Salz, Zucker.
Außerdem:
10–12 Austern,
½ Tasse Champignons (aus der Dose
oder abgekocht), in dünne Scheiben
geschnitten,
¼ Tasse Reiswein,
1 TL Maisstärke, mit wenig Wasser
angerührt, Selleriegrün.

Fisch säubern und in 3–4 Stücke schneiden. Mit dem Zitronensaft übergießen.

Sudzutaten erhitzen, Fisch hineingeben und 5–10 Min. je nach Größe der Stücke bei mittlerer Hitze kochen. Aus der Brühe nehmen und auf eine heiße Platte geben. Inzwischen Austern öffnen, Bärte entfernen und samt dem Saft in die Brühe geben. ½ Min. kochen, herausnehmen und zu den Fischstücken legen. Champignons in die Brühe geben, gleich darauf den Reiswein. Maisstärke einrühren, kurz aufkochen lassen und die Soße über den Fisch und die Austern gießen. Mit Sellerie garnieren.

Protein 60 g, Fett 15 g, Kohlenhydrate 15 g.
Kalorien 445 / Joule 1860.
Vorbereitungszeit: 15 Min.
Zubereitungszeit: 10 Min.

Garnelen süss-sauer

Tang Dschu Sia

米醋醬青蝦仁

Eine jener süß-sauren Schlemmereien aus den Fischrestaurants von Schanghai. In die Soße kommt dort jedoch noch ein Schuß Chilisoße oder einige Tropfen Sambal.

500 g Garnelen, Salz, Pfeffer,
1 EL Maisstärke.
Für die Soße:
3 EL helle Sojasoße,
3 EL Essig,
2 EL Reiswein, 1 EL Zucker,
1 EL Maisstärke,
Salz und Glutamat.
Außerdem:
Öl zum Fritieren.

Von den Garnelen bis zum Schwanz Schalen entfernen und säubern. Einmal längs einschneiden. Mit Salz und Pfeffer bestreuen. In der Maisstärke wälzen. Zutaten für die Soße mischen. Öl erhitzen und Garnelen 1 Min. backen. Herausnehmen und abtropfen lassen. 1 EL Öl in der Pfanne erhitzen. Soße zugeben und kochen, bis sie dick wird. Garnelen anrichten und die Soße darübergießen.

Protein 60 g, Fett 15 g, Kohlenhydrate 45 g.
Kalorien 570 / Joule 2385.
Vorbereitungszeit: 20 Min.
Zubereitungszeit: 3 Min.

Fisch mit Zitronensosse

Ling Mong Yü

檸檬魚

500 g Fischfilet, Salz.
Für die Marinade:
2 EL Reiswein, 2 EL Zitronensaft,
1 EL frischer Ingwer, gerieben.
Für die Soße:
2 EL Zitronensaft,
2 EL helle Sojasoße, 1 EL Zucker,
1 EL Mango-Chutney, scharf,
Glutamat, Salz.
Außerdem:
Öl zum Braten,
1 Knoblauchzehe, zerquetscht,
½ Tasse Hühnerbrühe,
1 EL Zitronenschale, gerieben,
½ Tasse Champignons, in Scheiben geschnitten,
1 TL Maisstärke, mit Wasser angerührt,
2 TL grüner Pfeffer.

Fisch in Stücke schneiden, salzen, mit der Marinade vermischen und 15 Min. stehen lassen. Soßenzutaten mischen. Die Fischstücke aus der Marinade nehmen und abtropfen lassen. Die verbliebene Marinade zur Soßenmischung geben.
Öl in der Pfanne erhitzen, Knoblauchzehe einige Male durchziehen und wieder herausnehmen. Die gut abgetropften Fischstücke in die Pfanne geben und 20 Sek. braten und dabei vorsichtig wenden. Mit der Hühnerbrühe ablöschen. Nach dem Aufkochen die Zitronenschale zugeben und bei kleiner Flamme zugedeckt 3 Min. dünsten. Die Fischstücke herausnehmen und auf einer heißen Platte anrichten.
Zu der restlichen Brühe in der Pfanne die Champignons geben, dann die Soße einrühren. Aufkochen lassen. Die Stärke unterrühren. Wenn die Soße transparent wird, über die Fischstücke gießen. Am Schluß die Pfefferkörner darüberstreuen.

Protein 95 g, Fett 10 g, Kohlenhydrate 30 g.
Kalorien 605 / Joule 2530.
Vorbereitungszeit: 10 Min.
Zubereitungszeit: 5 Min.

Shrimps mit Hummersosse

Sia Tziang Tzao Sia

蝦醬炒蝦

Ein köstliches Gericht, das für viele wegen seiner Kombination etwas ungewöhnlich erscheinen mag. Die chinesische Zubereitungsart erlaubt jedoch ohne Risiko, Fisch mit einem anderen Fleisch als Beigabe zu bereiten.

300 g Shrimps, 2 EL Reiswein,
Salz, Pfeffer, 2 EL Maisstärke,
100 g Schweinefleisch, fein gehackt,
1 EL Reiswein, 1 TL grüner Pfeffer,
2 Eiweiß, Öl zum Braten,
1 Knoblauchzehe, fein gehackt,
3 EL Schalotten, fein gehackt,
50 g Krabben (aus der Dose).
Für die Soße:
2 EL Sojasoße,
3 EL Hummersoße, 1 TL Zucker,
Salz, Pfeffer, Glutamat,
1 TL Maisstärke, mit Wasser angerührt.

Shrimps aus den Schalen nehmen, säubern, mit dem Reiswein beträufeln und 15 Min. stehen lassen. Dann salzen, pfeffern und in der Maisstärke wälzen. Schweinefleisch mit Reiswein, Salz und Pfeffer vermischen.
Das Eiweiß mit einer Prise Salz schlagen. Öl in der Pfanne erhitzen, Knoblauch und Schalotten anbraten, dann die Shrimps zugeben und 2 Min. braten. Vom Feuer nehmen, auf vorgewärmter Platte anrichten und warm stellen.
Wieder etwas Öl erhitzen, das geschlagene Eiweiß 10 Sek. braten, dann das Schweinefleisch unterrühren und eine weitere Min. braten. Um die Shrimps herum auf der Platte anrichten.
Zutaten für die Soße mischen. Öl in der Pfanne erhitzen, die Krabben anbraten, mit der Soße löschen und aufkochen lassen. Die Soße über die Shrimps gießen.

Protein 110 g, Fett 55 g, Kohlenhydrate 25 g,
Kalorien 1065 / Joule 4455.
Vorbereitungszeit: 15 Min.
Zubereitungszeit: 5 Min.

Abalone mit Austernsosse
Bao Yü

鮑魚

Das Fleisch dieser Tiefseemuschel ist in Europa nicht sehr bekannt. Abalone darf nicht zu sehr erhitzt oder gar gekocht werden, da das Fleisch sonst zäh wird.

300 g Abalone (aus der Dose),
Öl zum Braten,
1 TL frischer Ingwer, gehackt,
1 TL Hühnerfett,
1 EL Maisstärke, mit wenig Wasser angerührt,
1/2 TL Sesamöl.
Für die Soße:
1 EL Reiswein,
1 TL grüner Pfeffer,
3 EL Austernsoße,
1/2 TL Zucker,
Glutamat.

Abalone in der Dosenbrühe erhitzen, aus der Brühe nehmen und in dünne Scheiben schneiden. Die angegebenen Zutaten für die Soße mischen.
Öl in der Pfanne erhitzen. Ingwer kurz anbraten, die Soße und die Abalonenbrühe zugeben.
Nach dem Aufkochen Hühnerfett unterrühren und mit Maisstärke binden.
Sesamöl darüberträufeln und über die auf einer Platte angerichteten Abalone gießen.

Protein 35 g, Fett 10 g, Kohlenhydrate 15 g.
Kalorien 300 / Joule 1255.
Vorbereitungszeit: 5 Min.
Zubereitungszeit: 10 Min.

Imperialfisch
Yü Wang

魚王

Eines der bekanntesten und beliebtesten Fischgerichte der südchinesischen Küche. Ursprünglich wurden dazu nur Süßwasserfische verwendet, hauptsächlich Karpfen, doch bekommt man in den Restaurants der Küstenstädte auch Seefische auf diese Art zubereitet. Für die Vorbehandlung des Fisches und die Bereitung der Soße hat jeder seine wohlbehüteten Tricks. Ich habe einige ausspioniert und probiert, am Ende blieb ich bei meiner Methode, den Fisch vorher mit Lycheewein einzureiben und ein Viertelstündchen stehen zu lassen.

750 g Fisch (Karpfen, Heilbutt, Steinbutt, Flunder oder dergleichen),
1 Knoblauchzehe,
Öl zum Braten,
1–2 EL Mehl mit einer Prise Zucker.
Für die Soße:
1 EL frischer Ingwer, gerieben oder fein gehackt,
2 Frühlingszwiebeln, gehackt,
2 EL helle Sojasoße,
1 EL Reiswein,
1–2 EL Wasser,
Glutamat, Salz, Zucker.

Fisch säubern. Knoblauch schälen, aber ganz lassen. Soßenzutaten mischen. Öl in der Pfanne stark erhitzen. Knoblauch zugeben und in der Pfanne herumreiben.
Fisch mit Mehl bestäuben, in die Pfanne geben und braun braten (auf jeder Seite etwa 5 Min.).

Aus der Pfanne nehmen und auf eine heiße Platte geben.

Öl in der Pfanne lassen. Knoblauch herausnehmen. In die Pfanne die Soßenzutaten geben. Wenn die Soße kocht, umrühren und sofort über den Fisch gießen.

Protein 75 g, Fett 20 g, Kohlenhydrate 25 g.
Kalorien 595 / Joule 2490.
Vorbereitungszeit: 15 Min.
Zubereitungszeit: 12 Min.

Froschschenkel mit Austernsosse

Hao Jio Tiän Zi Tue

蠔油田奚鳥腿

300 g Froschschenkel.
Für die Marinade:
2 EL Reiswein,
2 EL dunkle Sojasoße,
1 EL Austernsoße,
Salz, Pfeffer, Glutamat.
Außerdem:
1–2 Schalotten, Öl zum Braten,
2 Knoblauchzehen,
2–3 Scheiben frischer Ingwer,
1/2 Tasse Fleischbrühe,
1 TL Maisstärke, mit Wasser angerührt,
einige Tropfen Sesamöl,
1 Sträußchen Koriandergrün, gehackt.

Froschschenkel waschen und abtrocknen. Die Zutaten für die Marinade mischen, und die Froschschenkel 20 Min. darin einlegen, ab und zu wenden.
Schalotten in lange Stücke schneiden. Öl in der Pfanne erhitzen, Knoblauch, Ingwer und Schalotten kurz anbraten, die Froschschenkel mit der Marinade zugeben und 1 Min. braten.

Mit der Fleischbrühe ablöschen und bei kleiner Hitze 20 Min. köcheln lassen.

Die Froschschenkel auf einer Platte anrichten. Die Soße durchsieben und in der Pfanne wieder erhitzen. Mit der Maisstärke binden, einige Tropfen Sesamöl darüberträufeln und vom Feuer nehmen. Über die Froschschenkel gießen und mit dem gehackten Koriander bestreuen.

Protein 40 g, Fett 5 g, Kohlenhydrate 15 g.
Kalorien 275 / Joule 1140.
Vorbereitungszeit: 10 Min.
Zubereitungszeit: 20 Min.

Ingwer-Austern

Tziang Schi Hao

恙糸勺田蠔

Austern nehmen in China eine etwas andere Stellung ein als in der westlichen Welt. Man ißt sie kaum roh. Bei dem ostasiatischen Klima, besonders im Süden, wäre früher der Genuß roher Muscheln sehr riskant gewesen. Bis heute hat sich die westliche Sitte des Rohessens bei den zur Tradition neigenden Chinesen nicht durchgesetzt. Selbstverständlich bekommt man in ganz Ostasien in den internationalen Hotels Austern auf westliche Art, sogar mit französischem Champagner.

Beachten Sie, daß Austern, auf chinesische Art zubereitet, eine extrem kurze Garzeit haben.

20 Austern,
Öl zum Braten,
1 kleine Schalotte, in Stückchen geschnitten,
1 EL in Würfelchen geschnittener Ingwer,
1 Knoblauchzehe, gehackt.
Für die Soße:
4 EL Reiswein,
2 EL helle Sojasoße,
1 TL Zucker,
Salz und Glutamat.

Austern in siedendes Wasser geben und 30 Sek. kochen. Aus der Schale nehmen, säubern und abtropfen lassen.
Öl erhitzen, Schalotten, Ingwer und Knoblauch kurz anbraten. Austern und die Soßenzutaten beigeben. Bei mittlerer Hitze gut durchmischen, nach einigen Sekunden vom Feuer nehmen und servieren.

Protein 30 g, Fett 10 g, Kohlenhydrate 30 g.
Kalorien 340 / Joule 1425.
Vorbereitungszeit: 20 Min.
Zubereitungszeit: 1 Min.

Gedämpfte Austern in der Schale
Dschang Hao

蒸蚵

15–20 Austern.
Für die Soße:
5 EL Reiswein,
1 TL frischer Ingwer, gerieben,
1 TL Austernsoße, 1 Prise Pfeffer.
Außerdem:
Öl, 1 Zitrone.

Austern waschen. Vorsichtig öffnen, damit der Saft nicht verlorengeht. Bart entfernen und das Fleisch von der Schale lösen, aber nicht herausnehmen.
Zutaten für die Soße mischen.
In jede Austernschale einige Tropfen Öl geben und 1/2 TL der Soße.
Die Austern wieder mit der oberen Schale bedecken und im Ofen bei mittlerer Hitze 5 Min. backen. Mit Zitronenschnitzen anrichten.

Protein 15 g, Fett 5 g, Kohlenhydrate 10 g.
Kalorien 150 / Joule 630.
Vorbereitungszeit: 20 Min.
Zubereitungszeit: 5 Min.

Hummer mit Chilisosse
La Tzao Sia

辣椒叉蝦

1 Hummer,
5 Garnelen,
Salzwasser,
Öl zum Braten.
Für die Soße:
4 EL Frühlingszwiebeln, gehackt,
1 Knoblauchzehe, fein gehackt,
1 TL Ingwer, fein gehackt oder gerieben,
1/2 TL Chilisoße oder einige Tropfen Tabasco,
2 EL Reiswein,
1 EL Zucker,
3 EL Wasser,
2 EL Tomatenketchup,
1 EL Maisstärke, mit etwas Wasser angerührt,
Salz, Glutamat.

Hummer und Garnelen in Salzwasser kochen bis sie schön rot sind. Fleisch aus den Schalen nehmen und in mundgerechte Stücke schneiden. Die Schalen zum Garnieren beiseite stellen.
Öl erhitzen, Zwiebeln, Knoblauch und Ingwer kurz anbraten. Dann nacheinander die übrigen Soßenzutaten einrühren. Fleisch zugeben und noch 2 Min. dünsten. Anrichten und garnieren.

Protein 90 g, Fett 15 g, Kohlenhydrate 40 g.
Kalorien 670 / Joule 2805.
Vorbereitungszeit: 10 Min.
Zubereitungszeit ohne Vorkochen: 3 Min.

Karpfen Setschuan
Sze Tzuan Li Yü
四川魚里魚

Die Soße ist natürlich scharf. Sie können sie durch Reduzieren der entsprechenden Zutaten etwas mildern.

1 Karpfen (1 kg), Zucker, Salz,
Maisstärke, Öl zum Braten,
2 Knoblauchzehen, zerdrückt,
3 Scheiben frischer Ingwer.
Für die Soße:
2 Frühlingszwiebeln, gehackt,
1–2 Pfefferschoten, grob gehackt,
2 EL fermentierte Bohnenpaste,
1 EL dunkle Sojasoße,
2 EL Reiswein, 1 TL Chilisoße,
¼ Tasse Hühnerbrühe.
Außerdem:
1 TL Maisstärke, mit Wasser angerührt,
Salz, Glutamat.

Karpfen ausnehmen, waschen und abtrocknen. Beidseitig kreuzweise etwas einschneiden. Mit Zucker, Salz und Maisstärke bestreuen.
Bohnenpaste, Sojasoße, Reiswein, Chilisoße und Hühnerbrühe mischen, Glutamat und Salz zugeben.
Öl in der Pfanne erhitzen, Knoblauch und Ingwer kurz anbraten, den Karpfen in die Pfanne legen und auf jeder Seite 1 Min. bei mittlerer Hitze backen. Aus der Pfanne nehmen.
In der gleichen Pfanne Frühlingszwiebel und Pfefferschoten anbraten, die Soße zugeben und aufkochen lassen. Den Karpfen wieder in die Pfanne zu der Soße geben und zugedeckt 3–4 Min. bei kleiner Hitze ziehen lassen. Wenn er durch ist, herausnehmen und auf eine Platte geben.
Die Soße mit der Maisstärke binden, nach Bedarf nachwürzen und über den Fisch gießen.

Protein 105 g, Fett 40 g, Kohlenhydrate 30 g.
Kalorien 925 / Joule 3870
Vorbereitungszeit: 15 Min.
Zubereitungszeit: 7 Min.

Gebratener Aal
Tzao San
炒魚善

Im Binnenland Chinas ißt man sehr gerne Aal. Im Süden gebraten, in Fukien gibt es eine delikate Aalsuppe, in Setschuan gebraten und gedünstet mit Pfefferschoten, im Norden mit Gewürzen und Soßen. Hier das Rezept der Kantonküche.

1 Aal (750 g),
1 EL Reiswein,
1 EL helle Sojasoße,
3–4 schwarze Pilze,
Öl zum Braten,
1 Tasse Bohnensprossen,
1 Tasse Bambussprossen, in Streifen
geschnitten,
1 Knoblauchzehe, fein gehackt,
2 TL frischer Ingwer, fein gehackt,
2 Frühlingszwiebeln, fein gehackt,
Salz, etwas Maisstärke,
Hühnerbrühe und Pilzbrühe (halb und
halb, zusammen ³/₄ Tasse),
2 EL Reiswein,
Pfeffer,
Glutamat,
2 TL Maisstärke, mit wenig Wasser
angerührt,
einige Tropfen Sesamöl.

Den Aal ausnehmen, waschen, abtrocknen, einmal längs durchschneiden und dann quer in fingerlange Stücke. Mit Reiswein und Sojasoße beträufeln und 15 Min. stehen lassen.
Die Pilze ca. 15 Min. in Wasser einweichen, abgießen, Brühe beiseite stellen und die Kappen in Scheiben schneiden.
Öl in der Pfanne erhitzen, salzen. Bohnensprossen, Bambussprossen und Pilze darin 1 Min. braten, vom Feuer nehmen und wegstellen.
In derselben Pfanne Knoblauch, Ingwer und Frühlingszwiebeln anbraten. Die Aalstücke salzen, mit Maisstärke bestreuen und in die Pfanne geben. 2 Min. braten (vorsichtig wenden).
Den Reiswein darüberträufeln, dann die Bambus-, Bohnensprossen und Pilze un-

termischen. Mit der Brühe löschen und noch 1 Min. bei schwacher Hitze ziehen lassen.
Würzen, die Soße mit der Maisstärke binden, etwas Sesamöl darüberträufeln und anrichten.

Protein 70 g, Fett 160 g, Kohlenhydrate 15 g.
Kalorien 1835 / Joule 7675.
Vorbereitungszeit: 15 Min.
Zubereitungszeit: 4 Min.

Gebackene Krabben
Kan Tschao Ming Sia
干炒明蝦

500 g Krabben oder Garnelen,
2 EL Reiswein,
Salz,
Pfeffer,
Glutamat,
2 geschlagene Eiweiß,
2 EL Maisstärke,
Öl zum Fritieren.

Krabben säubern und mit dem Reiswein, Salz, Pfeffer und Glutamat mischen. 15 Min. stehen lassen. Eiweiß und Maisstärke mischen. Öl erhitzen.
Krabben in die Eiweißmischung tauchen und schwimmend backen, bis sie leicht Farbe annehmen. Herausnehmen, abtropfen lassen und anrichten.

Protein 75 g, Fett 5 g, Kohlenhydrate 20 g.
Kalorien 435 / Joule 1820.
Vorbereitungszeit: 20 Min.
Zubereitungszeit: 5 Min.

Geflügelgerichte

Hühner und Enten sind zwei der beliebtesten und wichtigsten Fleischsorten. Der Chinese versteht sie auf vielerlei Art zuzubereiten und mit anderen Nahrungsmitteln zu kombinieren.

In den Rezepten wird der Ausdruck »Huhn« verwendet. Sie können natürlich nach Belieben Brathuhn, Hähnchen oder Poularde verwenden. Suppenhühner, die meistens sehr zäh sind, eignen sich nicht für die Rezepte. Man sollte sie nur zu Hühnerbrühe auskochen. Und nur im Notfall mit einem Weichmacher behandeln. Wenn Sie kein junges, zartes und gut abgehangenes Geflügel zur Verfügung haben, können Sie u. U. die angegebenen Garzeiten etwas verlängern.

Überschüssiges Fett wird abgeschöpft oder abgeschnitten und anderweitig verwendet. Schöpfen Sie aber bei Hühnerbrühe nicht alles Fett ab, sonst verliert sie das typische Aroma.

Bei verschiedenen Gerichten (z. B. Pekingente) ist durch besondere Zubereitungsart die Haut eine Delikatesse. Es ist daher zu empfehlen, dieses Geflügel gut zu rupfen und zu säubern. Und schneiden Sie vor dem Anrichten die Schwanzfedernwurzel ab, sie enthält ein nicht gerade wohlschmeckendes Fett. Ich tue es sogar vor dem Zubereiten.

Mit der chinesischen Zubereitungsart können Sie sogar aus öden Gefrierprodukten wohlschmeckende Gerichte zaubern, jedoch gewinnt Geflügel erheblich an Wohlgeschmack, wenn man keine industriell gemästeten, sondern natürlich aufgezogene, frisch geschlachtete Tiere verwendet. Die natürliche Aufzucht wird heute noch, auch in großen Hühner- und Entenfarmen, in China praktiziert.

Auf chinesischen Märkten wird Geflügel meist lebendig verkauft. Man kann nicht nur die für ein bestimmtes Gericht am besten geeignete Art aussuchen, sondern sieht auch, ob es gesunde, junge Tiere sind.

Huhn mit Banane
Sian Tschao Tzi

香蕉鶏

Eines der vielen Gerichte, die unter dem Einfluß südasiatischer Gaumenfreuden entstanden sind.

400 g Hühnerfleisch,
1 Banane,
Öl zum Braten,
4–5 Scheiben frischer Ingwer,
3 EL helle Sojasoße,
1/2 Tasse Hühnerbrühe mit 1 Prise
Glutamat, Salz,
1 EL Maisstärke, mit wenig Wasser
angerührt.

Hühnerfleisch in Streifen, Banane in Scheiben schneiden. Öl in der Pfanne erhitzen und das Fleisch 3 Min. braten.

Ingwer am Schluß kurz mitbraten lassen. Mit Sojasoße und Hühnerbrühe ablöschen. Banane zugeben und einige Minuten dünsten, bis das Fleisch vollends gar ist. Abschmecken. Die Soße mit Maisstärke binden.

Protein 80 g, Fett 20 g, Kohlenhydrate 40 g.
Kalorien 680 / Joule 2845.
Vorbereitungszeit: 10 Min.
Zubereitungszeit: 8–10 Min.

Gedämpftes Huhn mit Bambussprossen und Pilzen

Dschu Suon Dschang Tzi

竹旬蒸栗鳥

3–4 chinesische Pilze,
300 g gedämpftes Hühnerfleisch
(s. Rezept S. 59),
Öl zum Braten,
Salz,
1 Knoblauchzehe, fein gehackt,
2 Tassen Bambussprossen, in feine Streifen geschnitten,
Pfeffer, Glutamat.
Für die Soße:
1/2 Tasse Hühnerbrühe,
3 EL Reiswein,
1 EL helle Sojasoße,
1 TL Sesamöl.
Außerdem:
2 TL Maisstärke, mit wenig Wasser angerührt.

Pilze in Wasser ca. 15 Min. einweichen, den Stiel entfernen und in Streifen schneiden.

Hühnerfleisch in mundgerechte Stücke schneiden. 1/2 Tasse der Pilzbrühe beiseite stellen.
Öl erhitzen, Salz einstreuen und Knoblauch kurz anbraten. Pilze und Bambussprossen zugeben und 1 Min. braten. Glutamat einstreuen. Mit der Pilzbrühe löschen und noch 3 Min. dünsten. Fleisch und Soße zugeben, alles gut durchmischen. Die Soße mit Maisstärke binden und anrichten.

Protein 140 g, Fett 30 g, Kohlenhydrate 15 g.
Kalorien 915 / Joule 3830.
Vorbereitungszeit: 5 Min.
Zubereitungszeit: 5 Min.

Huhn mit Erbsenschoten

Bian Do Tzi

扁豆栗鳥

Der Reiz dieses Gerichts liegt in den Erbsen, die frisch und zart sein müssen. Ich gebe beim Braten der Erbsen noch eine Prise Zimt dazu.

400 g Hühnerfleisch (mit Haut),
200 g Erbsenschoten,
5 schwarze Pilze,
1 EL Reiswein,
1 EL Maisstärke.
Für die Soße:
2 EL Reiswein,
2 EL helle Sojasoße,
1 TL Zucker,
4 EL Pilzbrühe,
Salz, Glutamat.
Außerdem:
Öl zum Fritieren und Braten.

Hühnerfleisch in mundgerechte Stücke schneiden. Erbsen säubern.

Pilze in Wasser einweichen, das Wasser einmal wechseln. Danach die Hüte in Scheiben schneiden. Vom zweiten Einweichwasser 4 EL für die Soße wegnehmen. Hühnerfleisch mit dem Wein beträufeln und mit der Stärke bestäuben. 15 Min. stehen lassen.

Zutaten für die Soße mischen. Öl stark erhitzen, und das Hühnerfleisch ca. 3 Min. fritieren. Herausnehmen und abtropfen lassen.

Öl in der Bratpfanne erhitzen. Pilze und Erbsen 1 Min. braten. Soße hineingeben und nach etwa 15 Sekunden vom Feuer nehmen.

Hühnerfleisch und Pilzbrühe zugeben, wieder erhitzen und in der Pfanne durchmischen. Sofort servieren.

Protein 90 g, Fett 15 g, Kohlenhydrate 40 g. Kalorien 675 / Joule 2825.
Vorbereitungszeit: 20 Min.
Zubereitungszeit: 5 Min.

Gedämpftes Huhn mit Paprika

Tzing Ziao Dschang Tzi

青椒又蒸熏鳥

(Zum Foto auf Seite 37)

Gedämpftes Hühnerfleisch kann man als Mischgericht mit Gemüsen zubereiten. Dieses Rezept und das von Seite 57 sind Beispiele, die Sie nach Ihrer Phantasie noch erweitern können. Das Fleisch wird immer nach dem Rezept rechts zubereitet.

300 g gedämpftes Hühnerfleisch (s. Rezept S. 59),
1/2 Tasse Bambussprossen,
1 rote Paprikaschote,
1 grüne Paprikaschote,
1 kleine Stange Lauch,
1/2 Tasse Champignons,
Öl zum Braten,
Salz, 1 Knoblauchzehe, fein gehackt,
Glutamat.
Für die Soße:
1/2 Tasse Hühnerbrühe,
3 EL Reiswein,
1 EL helle Sojasoße,
1 TL Sesamöl,
Salz, Pfeffer, Glutamat.
Außerdem:
2 TL Maisstärke, mit wenig Wasser angerührt.

Bambussprossen, Paprikaschoten, Champignons und Lauch in Streifen schneiden. Öl erhitzen, Salz einstreuen, Knoblauch anbraten und das Gemüse zugeben. 1 Min. braten. Glutamat darüberstreuen.

Die Soßenzutaten mischen, zum Gemüse geben und 2 Min. dünsten. Fleisch zufügen und alles gut vermischen. Mit Maisstärke binden und anrichten. Nach Geschmack 1/2 EL grüne Pfefferkörner zugeben.

Protein 140 g, Fett 30 g, Kohlenhydrate 15 g. Kalorien 915 / Joule 3830.
Vorbereitungszeit: 5 Min.
Zubereitungszeit: 5 Min.

Gedämpftes Huhn
Tschang Tzi

蒸鷄鳥

Das ist eine Zubereitungsart von Geflügelfleisch mit vielseitiger weiterer Verwendung. Mit einer Dippsoße als Vorgericht
oder kombiniert mit verschiedenen Gemüsen als ein kalorienarmes, leicht verdauli-
ches Hauptgericht. Wenn Sie das gedämpfte Huhn als Vorgericht kalt verzehren
wollen, nehmen Sie von den Soßenzutaten
nur den Reiswein und beträufeln Sie damit
das Huhn vor dem Dämpfen.

1 Huhn, Salz,
1 kleine Stange Lauch
5 Stengel Petersilie,
1 zerquetschte Knoblauchzehe.
Für die Soße:
1/2 Tasse Hühnerbrühe,
3 EL Reiswein, 1 EL helle Sojasoße,
1 TL Sesamöl, Salz, Glutamat.
Außerdem:
2 TL Maisstärke, mit Wasser angerührt.

Huhn waschen und abtrocknen. Überschüssiges Fett wegschneiden. Innen und
außen mit Salz bestreuen. In das Innere
Lauch, Petersilie und Knoblauch geben.
Die Soßenzutaten mischen. Huhn
30–40 Min. dämpfen. Herausnehmen, zerteilen und in mundgerechte Stücke schneiden. Von der sich beim Dämpfen ansam-
melnden Brühe (Fett abschöpfen) 1/2 Tasse
in die Pfanne geben, zum Kochen bringen,
mit der Soße mischen und mit Maisstärke
binden. Über das Fleisch gießen und anrichten.

Protein 135 g, Fett 20 g, Kohlenhydrate 5 g.
Kalorien 760 / Joule 3180.
Vorbereitungszeit: 5 Min.
Zubereitungszeit: 40 Min.

Hühnerbrust mit Bambussprossen
Dschu Suon Tzi Siung

竹筍鷄胸

Ein Gericht aus Schantung, das sich ähnlich wie das gedämpfte Huhn verschieden
abwandeln läßt. Es ist auch genauso
schnell zubereitet. Wenn Sie das Fleisch
schon vorher mariniert haben, können Sie
mit dem Braten anfangen, wenn Ihre Gäste
den Mantel ausziehen.

400 g Hühnerbrust,
2 TL Maisstärke,
1/2 Eiweiß,
1 EL Reiswein, Salz,
1 Tasse Bohnensprossen,
Öl zum Fritieren und Braten,
1 rote oder grüne Paprika, in feine
Streifen geschnitten,
1 EL Reiswein,
1 EL grüner Pfeffer,
1 EL Zucker,
Salz, Glutamat.

Hühnerbrust in feine Streifen schneiden.
Maisstärke, Eiweiß, Wein und Salz mischen. Hühnerfleisch darin marinieren und
1/2 Std. kühl stellen.
Bohnensprossen säubern. Öl erhitzen und
das Hühnerfleisch kurz fritieren, bis das

Fleisch nicht mehr roh aussieht. Herausnehmen und abtropfen lassen.

Öl in der Bratpfanne erhitzen, salzen. Die Bohnensprossen darin 1 Min. braten. Herausnehmen.

Wieder Öl in der Pfanne erhitzen. Paprika darin kurz braten, dann die Bohnensprossen und das Hühnerfleisch zugeben. Reiswein darüberträufeln. Pfeffer zugeben, Zucker, Salz und Glutamat darüberstreuen. Alles gut durchmischen und anrichten.

Protein 90 g, Fett 20 g, Kohlenhydrate 30 g.
Kalorien 680 / Joule 2845.
Vorbereitungszeit: 10 Min.
Zubereitungszeit: 3 Min.

Hühnerbrust mit Spargel
Lu Suon Tzi

盧筍炒雞

300 g Hühnerbrust.
Für die Soße:
4 EL Spargelbrühe,
1 EL Reiswein,
1 TL helle Sojasoße,
2 TL Maisstärke,
Glutamat, Salz, Pfeffer.
Außerdem:
Öl zum Fritieren und Braten,
200 g Spargel aus der Dose, in
fingerlange Stücke geschnitten,
100 g grüne Erbsen aus der Dose.

Hühnerbrust in fingerdicke Streifen schneiden. Zutaten für die Soße mischen. Öl erhitzen, und das Fleisch 1 Min. fritieren. Herausnehmen und abtropfen lassen.

Etwas Öl in der Bratpfanne erhitzen, Spargel hineingeben und 10 Sek. braten. Die Soße zugeben. Nach dem Aufkochen schnell das Fleisch und die Erbsen untermischen. Vom Feuer nehmen.

Protein 65 g, Fett 10 g, Kohlenhydrate 20 g.
Kalorien 435 / Joule 1820.
Vorbereitungszeit: 5 Min.
Zubereitungszeit: 2 Min.

Huhn mit Broccoli
Tziäh Lan Tschao Tzi

芥蘭炒雞

Ein sehr bekömmliches Gericht aus dem Süden, dem Gemüsegarten Chinas. Lassen Sie den Broccoli gut abtropfen, es bleibt sonst zuviel Öl in den Sträußchen hängen.

300 g Broccoli,
400 g Hühnerfleisch.
Für die Marinade:
1 EL Maisstärke, 1 Eiweiß,
1 EL helle Sojasoße,
Salz, Pfeffer, Zucker, Glutamat.
Außerdem:
Öl zum Fritieren und Braten, Salz,
1 Knoblauchzehe, fein gehackt,
2 EL Reiswein,
1/2 Tasse Hühnerbrühe,
1 EL Maisstärke, mit Wasser angerührt.

Den gesäuberten Broccoli und das Hühnerfleisch in mundgerechte Stücke schneiden. Marinadenzutaten mischen, das Hühnerfleisch darin einlegen und 20 Min. stehen lassen.

Rindfleisch mit Currysoße
Rezept Seite 82

Öl zum Fritieren erhitzen. Hühnerfleisch ca. 3 Min. backen, abtropfen lassen und herausnehmen. Broccoli ebenfalls ca. 1 Min. in dem Öl backen und herausnehmen. Öl in der Bratpfanne erhitzen und salzen. Knoblauch hineingeben, dann das Hühnerfleisch. Nach 1/2 Min. mit dem Reiswein ablöschen. Broccoli und die Hühnerbrühe zugeben. Wenn es kocht, die Soße mit der Maisstärke binden.

Protein 100 g, Fett 20 g, Kohlenhydrate 30 g.
Kalorien 720 / Joule 3015.
Vorbereitungszeit: 20 Min.
Zubereitungszeit: 6 Min.

Huhn mit Ananas und Kirschen
Buo Lo Tzi
波蘿鷄

Ein bißchen ein Außenseiter, aber eine angenehme Überraschung bei einem Menü. Umgeben Sie es mit ein paar würzigen Gerichten als Kontrast.

400 g Hühnerfleisch,
1/2 Tasse Reiswein,
1/4 Tasse Wasser,
2 EL helle Sojasoße,
1 TL Zucker,
2 EL Ananassaft,
Salz, Glutamat,
1 Tasse Ananaswürfel (frisch oder aus der Dose),
8 Kirschen (aus der Dose),
1 TL Maisstärke, mit Wasser angerührt.

Hühnerfleisch in mundgerechte Stücke schneiden. Das Fleisch in Reiswein und Wasser bei kleiner Hitze 45 Min. kochen. Dann Sojasoße, Zucker und Ananassaft einrühren. Würzen und noch 5 Min. kochen. Die Ananaswürfel und die Kirschen zufügen, noch 1 Min. kochen. Mit der Stärke binden und anrichten.

Protein 85 g, Fett 5 g, Kohlenhydrate 30 g.
Kalorien 520 / Joule 2180.
Vorbereitungszeit: 5 Min.
Zubereitungszeit: 50 Min.

Huhn mit Zitronensosse
Ling Mon Tzi
檸檬鷄

Eine köstlich erfrischende Abwechslung. Gut an heißen Sommertagen. Das Gericht stammt aus den Chinaküchen Südasiens, wo es mitunter feurig scharf gewürzt wird, je nachdem, woher der Koch stammt.

1 Huhn,
6 chinesische Morcheln,
3 EL Öl zum Braten, Salz,
1 EL frischer Ingwer, fein gehackt,
2–3 grüne oder rote Paprikaschoten, in Stücke geschnitten,
1 EL Zitronenschale, fein gehackt (nur das äußere Gelbe), Glutamat,
1/2 Tasse Zitronensaft,
1 EL geriebene Zitronenschale (den weißen Teil), 3 EL Zucker,
1 EL scharfer Mango-Chutney,
1–2 TL Maisstärke, mit Wasser angerührt,
1 Orange.

Schweinefleisch süß-sauer
Rezept Seite 84

Das Huhn säubern und 35–40 Min. dämpfen. Pilze ca. 15 Min. in Wasser einweichen. Wenn das Huhn gar ist, herausnehmen und etwas abkühlen lassen. Dann in mundgerechte Stücke schneiden. Von dem sich bildenden Fleischsaft eine halbe Tasse wegstellen.
Das Öl in einer Pfanne erhitzen und salzen. Pilze mit dem Ingwer darin 1/2 Min. braten. Dann Paprika, gehackte Zitronenschalen und Glutamat daruntermischen.
Nach 1 Min. mit dem Fleischsaft ablöschen, wieder aufkochen lassen und den Zitronensaft dazugießen.
Die Fleischstücke in dieser Soße wieder erhitzen, Pfanne vom Feuer nehmen und die Stücke auf eine Platte geben. Soße wieder aufs Feuer stellen, geriebene Zitronenschale, Zucker und Chutney einrühren, Stärke zugeben und nach kurzem Aufkochen vom Feuer nehmen und über das Fleisch gießen. Mit Orangenschnitzen garnieren.

Protein 155 g, Fett 50 g, Kohlenhydrate 55 g.
Kalorien 1325 / Joule 5540.
Vorbereitungszeit: 10 Min.
Zubereitungszeit: 40 Min.

Huhn mit Currysosse
Zia Li Hue Tzi

加厘會鷄鳥

(Zum Foto auf Seite 85)

Ein Gericht der in Südostasien lebenden Chinesen, die mal ihren indischen Nachbarn in den Kochtopf geschaut haben und an dem geschmacklich außergewöhnlichen Gewürz »Curry« Gefallen gefunden haben.

400 g Hühnerfleisch,
5 EL Reiswein,
5 EL helle Sojasoße,
Salz,
Pfeffer,
Öl zum Fritieren und Braten.
Für die Soße:
3 TL Curry,
2 Tropfen Tabasco,
2 TL Maisstärke, mit wenig Wasser angerührt.
Außerdem:
2 Knoblauchzehen, fein gehackt,
3 Scheiben frischer Ingwer.

Hühnerfleisch in mundgerechte Stücke schneiden. Wein, Sojasoße, Salz und Pfeffer mischen und darin das Fleisch 30 Min. marinieren. Ab und zu umrühren.
Öl erhitzen, das Fleisch fritieren (5 Min.). Die übriggebliebene Marinade mit den Soßezutaten vermischen und nach Bedarf mit Wasser oder Brühe auffüllen, so daß es etwa 1/2 Tasse ergibt (nach Belieben mehr). Fleisch herausnehmen und abtropfen lassen.
Öl in der Bratpfanne erhitzen, Knoblauch und Ingwer anbraten, Fleisch zugeben und unter ständigem Wenden 1 Min. braten.
Soße zugeben, nach dem Aufkochen vom Feuer nehmen und anrichten. Sofort servieren.

Protein 85 g, Fett 20 g, Kohlenhydrate 45 g.
Kalorien 720 / Joule 3010.
Vorbereitungszeit: 5 Min.
Zubereitungszeit: 7 Min.

Huhn mit Mandeln

Sing Ren Tzi

杏仁鷄

Eine Komposition für Anspruchsvolle. Und die hat es schon im alten China gegeben. Sie waren diesem Gericht sehr zugetan. Es wird in der Literatur mit blumigen Worten als Gaumenfreude erwähnt. Geben Sie acht, daß unter den Mandeln keine bittere oder ranzige ist. Es würde den Genuß empfindlich stören.

400 g Hühnerfleisch,
4–5 chinesische Morcheln,
75 g geschälte Mandeln, Salz,
Öl zum Fritieren und Braten,
1 Knoblauchzehe, fein gehackt,
1 kleine Stange Lauch,
1/2 Tasse Bambussprossen, in dünne Scheiben geschnitten,
2 Scheiben frischer Ingwer,
1/2 Tasse Wasserkastanien, in Scheiben geschnitten,
Reiswein.
Für die Marinade:
1 EL helle Sojasoße,
1/2 Eiweiß, 1 TL Maisstärke,
1 EL Reiswein,
Salz, Pfeffer, 5-Gewürz-Pulver, Glutamat.
Für die Soße:
1 EL dunkle Sojasoße,
1 TL Maisstärke, mit Wasser angerührt,
1/2 TL Sesamöl,
Salz, Pfeffer, Zucker,
5-Gewürz-Pulver.

Hühnerfleisch in mundgerechte Stücke schneiden. Marinade mischen, mit dem Hühnerfleisch vermengen und 15 Min. stehen lassen.
Pilze in Wasser ca. 15 Min. einweichen. Mandeln in gesalzenem Wasser 5 Min. kochen. Herausnehmen und zum Trocknen auf ein Tuch legen.
Zutaten für die Soße mischen.
Öl erhitzen und darin die Mandeln schwimmend backen, bis sie goldgelb sind. (Nicht braun werden lassen!) Im gleichen Öl mariniertes Hühnerfleisch etwa 2 Min. backen, herausnehmen und abtropfen lassen.
Öl in der Bratpfanne erhitzen, Knoblauch anbraten, salzen. Das Gemüse und die Pilze mit Ingwer und Kastanien 2 Min. braten. Das Hühnerfleisch zugeben und mit einem Schuß Reiswein ablöschen. Die Soße und die Mandeln zugeben und noch 1/2 Min. braten.

Protein 120 g, Fett 55 g, Kohlenhydrate 50 g. Kalorien 1210 / Joule 5060.
Vorbereitungszeit: 20 Min.
Zubereitungszeit: 15 Min.

Huhn mit Cashew Nüssen

Li Dschi Tzi

栗子鷄

Ein Gericht aus dem Chinesenviertel von Singapur, wo man jedoch mit Vorliebe noch einige Chilischoten mitkocht. Das Rezept muß von der Setschuangegend ausgewandert sein. Dort gibt es das gleiche, nur mit baumfrischen Walnüssen. Die bitteren Häute der Kerne muß man abziehen. Statt der Chilischoten nehme ich etwas ungemahlenen Setschuanpfeffer.

400 g Hühnerbrust, Salz,
2 EL Reiswein,
Öl zum Fritieren und Braten,
1 Eiweiß, 2 EL Maisstärke,
2 Paprikaschoten, in Stücke geschnitten,
1/4 Lauch, in Stücke geschnitten,
1/2 Tasse grüne Erbsen oder
Erbsenschoten,
1/2 Tasse Chashew Nüsse,
2–3 chinesische Pilze,
1 TL Ingwer, gehackt,
Salz, Pfeffer, Glutamat.

Fleisch in Stücke schneiden, salzen und mit
Reiswein mischen. 10 Min. stehen lassen.
Öl erhitzen. Das Fleisch erst in Eiweiß, dann
in der Stärke wälzen. Einzeln ins Öl geben
und 3 Min. fritieren. Herausnehmen und
abtropfen lassen.
Öl in der Pfanne erhitzen, Gemüse, Nüsse,
Pilze und Ingwer 2 Min. braten. Fleisch zu-
geben und noch 1 Min. unter dauerndem
Wenden braten. Würzen und anrichten.

Protein 110 g, Fett 40 g, Kohlenhydrate 30 g.
Kalorien 945 / Joule 3955.
Vorbereitungszeit: 5 Min.
Zubereitungszeit: 4 Min.

Huhn mit Pilzen und Kastanien
Siang Gu Tzi

香菇鷄鳥

Dieses Gericht liegt auf der gleichen Ebene
wie Huhn mit Mandeln. Es steht ihm in
nichts nach. Durch die schwarzen Pilze bekommt es seine besondere Note.

400 g Hühnerbrust.
Für die Marinade:
1 TL Reiswein,
1 TL Maisstärke, 1/2 Eiweiß,
Salz, Pfeffer, Glutamat.
Außerdem:
4–5 schwarze Pilze,
1 Tasse junge Erbsenschoten,
1/2 Tasse Champignons, in Scheibchen
geschnitten,
2 Selleriestengel, in Streifen geschnitten,
Öl zum Braten, Salz,
1 Knoblauchzehe, fein gehackt,
1 Schalotte, grob gehackt,
1 EL grüne Pfefferkörner,
2 TL Sojasoße, 3 EL Pilzbrühe,
1/2 TL Zucker, Salz, Glutamat.

Hühnerbrust in Streifen schneiden und mit
der Marinade mischen. Pilze ca. 15 Min. in
Wasser einweichen. Kappen in Streifen
schneiden. Von den Erbsenschoten Fäden
abziehen. Champignons in Scheiben, Pilze
und Sellerie in Streifen schneiden.
Öl in der Pfanne erhitzen. Salzen. Die Erbsen, Pilze und Sellerie 2 Min. darin braten.
In der gleichen Pfanne wieder etwas Öl erhitzen und Knoblauch, Schalotte und Pfeffer anbraten.
Hühnerfleisch zugeben und 2 Min. bei starker Hitze braten. Sojasoße und Pilzbrühe
einrühren, würzen. Dann die Pilze, Erbsen
und Sellerie untermischen und 1 Min. weiterbraten. Vom Feuer nehmen und anrichten.

Protein 110 g, Fett 15 g, Kohlenhydrate 60 g.
Kalorien 835 / Joule 3490.
Vorbereitungszeit: 10 Min.
Zubereitungszeit: 6 Min.

Honig-Hähnchen

Fong Mi Tzi

蜂蜜鷄

Der Zeitaufwand für diese uralte Köstlichkeit ist zwar etwas groß, aber doch wiederum nicht so, daß man auf den Genuß verzichten sollte. Ich bin überzeugt, Sie werden öfter dieses Zeitopfer bringen!

1 Hähnchen oder Poularde,
1 l Wasser.
Für den Sud:
2 Stangen Zimt, 5 Sternanis,
2 EL Anissamen, 25 Nelken,
3 Scheiben Süßholz,
1 EL Setschuanpfeffer,
3 Scheiben frischer Ingwer,
3 EL Salz.
Außerdem:
1/4 Tasse Wasser, 2 EL Honig,
1 EL weißer Essig, Öl zum Fritieren.

Zutaten für den Sud in dem Wasser 15 Min. kochen. Das Hähnchen mit der Brust nach unten in den kochenden Sud legen und mit einer Kelle dauernd übergießen. Nach 3 Min. vom Feuer nehmen und 15 Min. stehen lassen. Hähnchen herausnehmen und den Sud wieder zum Kochen bringen.
Das Hähnchen diesmal mit dem Rücken nach unten in die Brühe legen. Wieder 3 Min. kochen, vom Feuer nehmen und 15 Min. stehen lassen. Herausnehmen und über Nacht an einem kühlen, luftigen Platz aufhängen.
In einem kleinen Topf Wasser, Essig und Honig erhitzen, bis sich der Honig aufgelöst hat. Mit dieser Mischung das Hähnchen allseitig gründlich mit den Händen wiederholt einreiben. Hähnchen wieder ca. 2–3 Stunden an einem kühlen Platz aufhängen.
Das Hähnchen in schwimmendem Öl 15 Min. backen. Abtropfen lassen, in mundgerechte Stücke schneiden und anrichten. Dazu eine süß-saure Lycheesoße.

Protein 140 g, Fett 40 g, Kohlenhydrate 20 g.
Kalorien 1030 / Joule 4310.
Vorbereitungszeit: 15 Min.
Zubereitungszeit: 40 Min.

Backhuhn-Topf

Sa Guo Kao Tzi

沙鍋烤鷄

Eine typische Zubereitungsart der Pekingküche. Man ißt das Hühnerfleisch mit Reis. Ein ähnliches Gericht kennen auch die Kantonesen.

1 Huhn,
6–8 chinesische Pilze,
Öl zum Braten,
3/4 Tasse Hühnerbrühe.
Für die Marinade:
3 EL dunkle Sojasoße,
3 EL Reiswein,
1 TL frisch geriebener Ingwer,
1 Knoblauchzehe, fein gehackt,
Salz, Pfeffer,
Glutamat.
Für die Soße:
1 1/2 EL Maisstärke,
1 TL Zucker,
1/4 Tasse Hühnerbrühe,
Salz, Glutamat.

Huhn waschen, trocknen und in 8–10 Stücke schneiden. Marinade mischen, die Hühnerstücke einlegen und 30 Min. stehen lassen.

Zutaten für die Soße mischen. Pilze in heißem Wasser aufweichen und ausdrücken. Öl in der Pfanne erhitzen, Fleischstücke hineingeben und gut anbräunen. Brühe und Pilze hineingeben, zudecken und 30 Min. dünsten.

Vom Feuer nehmen. Fleisch und Pilze herausnehmen. Überschüssiges Fett in der Pfanne abschöpfen. Die Soße zum Bratensaft in die Pfanne geben. Kochen, bis die Soße transparent wird. Fleisch und Pilze wieder dazugeben, erhitzen und anrichten.

Protein 160 g, Fett 30 g, Kohlenhydrate 55 g.
Kalorien 1160 / Joule 4855.
Vorbereitungszeit: 10 Min.
Zubereitungszeit: 40 Min.

Ente geräuchert
Sün Jia

火燻鴨

1 Ente (1500 g),
1 EL schwarze Pfefferkörner,
2 EL Salz,
1 Handvoll trockene Späne aus Haselnußholz,
3 EL Teeblätter,
5 EL Zucker,
3 EL Reiskörner.

Die Ente waschen, abtrocknen und überschüssiges Fett herausschneiden.
Pfefferkörner grob zerdrücken und zusammen mit dem Salz in einer Pfanne erhitzen, bis die Körner anfangen zu rauchen. Vom Feuer nehmen und abkühlen lassen. Ente innen und außen mit dieser Salz-und-Pfeffer-Mischung einreiben.

Die Ente in Pergamentpapier oder Folie einwickeln und 1 Tag kühl stellen. Vor der Weiterbehandlung wird nun die Ente kurz abgespült und dann 1–1¼ Std. gedämpft. Wenn sie gar ist, herausnehmen und abkühlen lassen.

Zum Räuchern benötigt man einen möglichst großen Topf, auf dessen Boden man ein rostähnliches Gestell setzt. Es sollte 5–10 cm hoch sein. Darauf legt man die Ente, nachdem man vorher die Späne, Teeblätter, Zucker und Reiskörner auf den Boden des Topfes gestreut hat. Den Topf gut zudecken und aufs Feuer stellen. Stark erhitzen, so daß die Späne und die übrigen Zutaten Rauch entwickeln. Etwa 10 Min. bei starker Hitze, dann bei mittlerer Hitze weitere 20–30 Min. räuchern.

Vom Feuer nehmen und zugedeckt abkühlen lassen.

Die Ente kann man kalt essen, dann schneidet man sie in mundgerechte Stücke und serviert sie mit einer Dippsoße (süß-saure, Pflaumen-, Lychee- oder Mangosoße). Je nach Geschmack kann man die Stücke noch mit wenig Sesamöl überpinseln.

Oder man ißt sie heiß. In diesem Fall erhitzt man etwas Öl in einer Kasserolle, legt die Ente hinein und erhitzt bei mittlerer Flamme zugedeckt, bis sie heiß ist.

Protein 225 g, Fett 100 g, Kohlenhydrate 20 g.
Kalorien 1935 / Joule 8100.
Vorbereitungszeit: 15 Min.
Zubereitungszeit ohne Kaltstellen: 2 Std.

Pekingente
Pe King Jia
北京鴨

Von allen chinesischen Renommiergerichten ist wohl die Pekingente das bekannteste. Es ist nicht ganz einfach zuzubereiten und ist mehr ein Profigericht. Aber mit einiger Geschicklichkeit und Geduld gelingt es auch dem Haushalts- und Hobbykoch, etwas Beachtliches auf den Tisch zu bringen. Es gibt eine Reihe vereinfachter Methoden, deren Resultate den Kenner nicht ganz befriedigen können. Die Mühe lohnt sich, das der klassischen Methode am nächsten liegende Rezept anzuwenden.

Wenn Sie sich mit chinesischen Köchen über das Thema »Pekingente« unterhalten, werden Sie am Ende so viele Tips gesammelt haben, daß Sie bei deren gleichzeitiger Anwendung von Ihren Gästen das bekannte Sprichwort zu hören bekommen: »Viele Köche verderben den Brei.«

Wenn Sie die chinesische Hoi-Sin-Soße bekommen können, so nehmen Sie diese statt der Bohnenpaste. Und nehmen Sie eine magere Ente, möglichst keine gemästete. Je weniger Fett sie hat, desto leichter löst sich die Haut vom Fleisch.

1 Ente (1500 g, nicht zu fett),
3 EL Honig,
1/2 Tasse warmes Wasser,
2 EL Essig, Sesamöl.
Für die Soße:
1/4 Tasse Bohnenpaste oder
Hoi-Sin-Soße, 1 EL Wasser,
2 EL Öl, 1 EL Zucker,
1/4 TL Chilisoße, 1 TL Sesamöl.

Die ausgenommene Ente kurz in kochendes Salzwasser tauchen. Innen und außen sorgfältig abtrocknen. Überschüssiges Fett am hinteren Teil wegschneiden. Nun muß durch kräftiges Massieren die Haut vom Fleisch gelöst werden, so daß sie nur noch gelockert den Körper umgibt (außer an den Flügeln). Diese etwas mühsame Prozedur kann man folgenderweise unterstützen:
Ente hinten sorgfältig und fest zunähen. Haut vom Hals lösen, ein kleines fingerdickes Rohr aus Plastik oder dgl. zwischen Hals und Haut hineinschieben; das Ganze zuhalten oder zubinden, daß keine Luft zurück entweichen kann. Beim Massieren nun zwischen Haut und Fleisch kräftig Luft blasen. Die Haut darf dabei nicht zerreißen. Diese Behandlung ist notwendig, damit die Haut schön knusprig wird.
Honig, Wasser und Essig mischen und die Ente damit gründlich einreiben und nach 1 Std. wiederholen. Die Ente über Nacht an einen luftigen Platz hängen.
Den Backofen auf 225 Grad vorheizen und die Ente auf dem Rost 15 Min. grillen. Die Hitze auf 170 Grad reduzieren, Ente wenden und eine weitere Stunde braten.
Hitze auf 200 Grad erhöhen, Ente wenden und noch ca. 1/4–1/2 Std. braten. Dabei einmal mit Sesamöl einpinseln. Mit einem scharfen Messer etwa 1/2 cm dicke mundgerechte Hautstücke mit Fleisch abschälen und anrichten.
Für die Soße Bohnenpaste mit Wasser anrühren. Öl in der Pfanne erhitzen, die Mischung, den Zucker und die Chilisoße in die Pfanne geben und 2–3 Min. bei kleiner Hitze rühren. Am Schluß Sesamöl darüberträufeln. Zum Eintauchen der Entenstückchen in kleinen Schälchen servieren.

67

Zur Pekingente werden außerdem chinesische Pfannkuchen gereicht (s. Rezept S. 112).

Das restliche Fleisch der Ente wird von den Knochen gelöst und danach mit einer Soße zum Dippen serviert. Häufig reicht man auch das Fleisch in einer heißen Hühnerbrühe als Suppe, der man noch etwas feingeschnittenes Gemüse zufügen kann.

Protein 225 g, Fett 100 g, Kohlenhydrate 20 g.
Kalorien 1935 / Joule 8100.
Vorbereitungszeit: 45 Min.
Zubereitungszeit: 1 Std. 45 Min.

tieren. Herausnehmen, abtropfen lassen und in mundgerechte Stücke schneiden. Chinakohl säubern, die Blätter kurz in kochendes Wasser tauchen. Einen feuerfesten Topf mit den Blättern auslegen, Hühnerbrühe dazugießen, darauf die Fleischstücke legen. Zum Kochen bringen und zugedeckt ca. 3–4 Min. dünsten. Das Fleisch auf den Kohlblättern anrichten.

Protein 225 g, Fett 120 g, Kohlenhydrate 30 g.
Kalorien 2160 / Joule 9040.
Vorbereitungszeit: 10 Min.
Zubereitungszeit: 20 Min.

Ente mit Chinakohl
Bai Zai Pa Jia

白菜扒甲鳥

Das Entenfleisch bekommt bei dieser Zubereitungsart einen – man kann sagen, in gutem Sinne – feinen Beigeschmack durch den Kohl. Nehmen Sie aber nur Chinakohl.

1 Ente (1500 g).
Für die Marinade:
3 EL helle Sojasoße, 2 EL Reiswein,
1 EL Zucker, 1 EL Ingwer, fein gehackt,
1 TL Maisstärke,
Salz, 5-Gewürz-Pulver, Glutamat.
Außerdem:
Öl zum Fritieren, 1 Kopf Chinakohl,
1 Tasse Hühnerbrühe.

Ente säubern und in 10–12 Stücke schneiden. Die Marinade mischen und die Entenstücke 30 Min. einlegen.
Öl erhitzen und die Entenstücke 15 Min. fri-

Ente mit Mangososse
Manguo Tziang Jia

芒果醬鴨

Entenfleisch zusammen mit süßlichen Zutaten wie Früchte, Zucker, Honig und dgl. ergibt eine ungewöhnliche Geschmacksharmonie. Es ist erstaunlich, wie man mit verhältnismäßig wenig Mitteln aus einem normal gebratenen Stück Fleisch eine Köstlichkeit machen kann!

1 Ente (1500 g),
Salz, Pfeffer,
2 EL Mango-Chutney,
2 Mangofrüchte.
Für die Soße:
1 EL Sojasoße, 2 EL Reiswein,
1 TL frischer Ingwer, gerieben,
1 EL Zitronensaft.
Außerdem:
1 EL Maisstärke, mit wenig Wasser angerührt.

Ente innen mit Salz und Pfeffer bestreuen, außen sorgfältig mit Mango-Chutney einreiben und 1 Stunde stehen lassen.

Die geschälten, in Stücke geschnittenen Mangofrüchte in die Ente füllen. Die Ente in eine Kasserolle legen und in die auf 225 Grad erhitzte Bratröhre schieben. 75 Min. unter mehrmaligen Wenden und Begießen mit dem ausgelaufenen Fett backen.

Ofen auf 250 Grad erhitzen und die Ente noch 10 Min. braten. Dabei mit kaltem Wasser (etwa 1/2 Tasse Wasser) einige Male bepinseln und wenden.

Ente herausnehmen, in Stücke schneiden und warm stellen. Zuviel gebildetes Fett in der Kasserolle abschöpfen, den Bratenfond mit 1/2 Tasse Wasser ablöschen.

Soßenzutaten und das Fruchtfleisch der Mangofrüchte einrühren, würzen und mit der Stärke binden. Die Soße über das angerichtete Fleisch gießen.

Protein 225 g, Fett 120 g, Kohlenhydrate 25 g.
Kalorien 2140 / Joule 8960.
Vorbereitungszeit: 5 Min.
Zubereitungszeit: 90 Min.

Gefülltes
Huhn in Sojasosse
Tiän Tzi

填类鸟

Geflügel zu füllen, ist auch für die westliche Küche eine vertraute Angelegenheit. Die chinesische Ausführung ist vielleicht etwas aufwendiger. Probieren Sie mal, ob sich das bißchen Mehraufwand lohnt.

1 Huhn.
Für die Marinade:
2 EL Reiswein,
2 EL dunkle Sojasoße,
6 Scheiben frischer Ingwer, fein gehackt,
einige Tropfen Tabasco,
Salz, Pfeffer.
Für die Soße:
1 Stange Lauch, in Streifen geschnitten,
1/2 Tasse helle Sojasoße,
2 EL Reiswein,
1 TL Zucker,
Salz, Pfeffer, Glutamat.
Für die Füllung:
1/2 Tasse Bambussprossen, fein gehackt,
1/2 Tasse Chinakohl, fein geschnitten,
1/2 Tasse Bohnensprossen,
1–2 chinesische Pilze, eingeweicht und gehackt,
1 Frühlingszwiebel, fein gehackt,
1 Ei,
1 EL grüne Pfefferkörner,
2–3 Korianderstengel, fein gehackt,
1 EL dunkle Sojasoße,
1 EL Reiswein,
Maisstärke,
Salz, Pfeffer, Glutamat.
Außerdem:
Maisstärke.

Huhn mit der Marinade einreiben und 1 Stunde stehen lassen. Ab und zu wieder einreiben. Soßenzutaten mischen und in der Pfanne erhitzen. Das Huhn darin sorgfältig wenden und wälzen, so daß es innen und außen getränkt ist.

Zutaten für die Füllung mischen und so viel Maisstärke zugeben, daß die Füllung pastös wird und zusammenhält. Mit Salz und Pfeffer nach Belieben abschmecken. Das

Huhn füllen und die Öffnung zunähen. Backofen auf 250 Grad erhitzen und das Huhn 10 Min., dann bei 200 Grad weitere 60 Min. grillen. Ab und zu wenden und mit der Soße begießen.

Das Huhn zerlegen und mit der Füllung anrichten. Die restliche Soße wieder erhitzen, mit Maisstärke binden und zum Dippen servieren.

Sollte von der Füllmasse etwas übrig sein, formt man unter Zugabe von etwas Maisstärke kleine Bällchen und backt sie kurz im schwimmenden Fett.

Protein 140 g, Fett 35 g, Kohlenhydrate 75 g. Kalorien 1205 / Joule 5040. Vorbereitungszeit: 30 Min. Zubereitungszeit: 80 Min.

Ente mit Ananas
Buo Lo Jia

波蘿鴨

Nehmen Sie mageres Entenfleisch ohne Haut. Mein persönlicher Tip ist: Salzen Sie die Ananasstücke vor Gebrauch leicht ein. Es schmeckt irgendwie ein bißchen besser, so mit Pfiff.

400 g Entenfleisch (mager),
¹/₅ l Reiswein,
¹/₁₀ l Wasser
2 EL dunkle Sojasoße,
2 EL Ananassaft,
1 TL Maisstärke, mit Wasser angerührt,
Salz, Glutamat,
3 Ananasringe, in Stücke geschnitten
(evtl. einige Cocktailkirschen).

Entenfleisch in mundgerechte Stücke schneiden. Das Fleisch in Reiswein und Wasser zugedeckt 20 Min. kochen. Sojasoße, Ananassaft, Stärke, Salz und Glutamat mischen und in den Topf geben. Unter Rühren weitere 5 Min. kochen. Ananas (und Kirschen) zugeben und noch 1 Min. kochen.

Protein 80 g, Fett 30 g, Kohlenhydrate 15 g. Kalorien 670 / Joule 2805. Vorbereitungszeit: 5 Min. Zubereitungszeit: 25 Min.

Knusprige Ente
Tzuoi Jia

脆鴨

Bei dieser Zubereitungsart kommt es sehr auf die Panade an. Nehmen Sie kein gewöhnliches Paniermehl. Falls Sie keine Reiscracker haben, braten Sie etwas Reis nach dem Prinzip des Reiskuchens.

1 Ente (1500 g).
Für die Marinade:
1 EL brauner Zucker,
2 EL dunkle Sojasoße, 2 EL Reiswein,
5-Gewürz-Pulver, Salz.
Außerdem:
1 Knoblauchzehe, fein gehackt,
4–6 Scheiben frischer Ingwer,
1 Frühlingszwiebel,
1 Bund frische Korianderblätter,
¹/₂ Tasse Reiscracker,
¹/₄ Tasse Wasserkastanien,
Salz, Pfeffer, Maisstärke,
2 Eiweiß, Öl zum Fritieren.

Ente waschen und abtrocknen. Überschüssiges Fett entfernen. Marinade mischen und die Ente damit sorgfältig einreiben. Knoblauch, Ingwer, Zwiebel und Koriandergrün in das Innere der Ente füllen. Ente in eine Schüssel legen, den Rest der Marinade darübergießen und 30 Min. dämpfen. Herausnehmen, Füllung entfernen. Ente abtropfen lassen und längs in 4 Teile zerlegen.

Reiscracker und Kastanien reiben oder im Mixer zerkleinern. Mit Salz, Pfeffer und 2 EL Maisstärke mischen. Die Fleischstücke mit Maisstärke bestreuen. Eiweiß mit 1 TL Maisstärke gut verrühren. Die Stücke darin wälzen. Mit der Panade dick bestreuen (etwas andrücken). Fleisch vollends abkühlen lassen und 1 Std. in den Kühlschrank stellen.

Öl erhitzen und die Ente goldbraun fritieren (ca. 15 Min.) und abtropfen lassen. Die 4 Stücke quer in mundgerechte Scheiben schneiden und anrichten. Dazu reicht man eine Soße (z.B. Süß-saure Mangosoße).

Protein 225 g, Fett 120 g, Kohlenhydrate 90 g. Kalorien 2680 / Joule 11 215.
Vorbereitungszeit: 10 Min.
Zubereitungszeit: 45 Min.

Tauben mit würziger Sosse
Ru Go

乳鸽

Ein Feinschmeckergericht aus der Zeit, als die Kaiser und Großkhans noch einen großen Teil ihres Fleischbedarfs aus ihren ausgedehnten und reichlich bestückten Jagdrevieren holten. Heute ist es schwierig, Tauben zu bekommen; auf den Märkten gibt es sie wenig, und in den Städten, wo es sie in Massen gibt, haben sie Dauerschonzeit.

6 Tauben.
Für die Marinade:
3 EL Reiswein,
1 TL helle Sojasoße,
1 EL Schalotten, fein gehackt,
Salz, Pfeffer, Glutamat.
Außerdem:
1 TL Setschuanpfeffer, gemahlen (nach Belieben weniger),
1 EL Öl, Salz,
1 Knoblauchzehe, fein gehackt,
2 Scheiben frischer Ingwer,
1 Tasse Brühe, 4 EL Reiswein,
2 EL dunkle Sojasoße,
1 EL Koriandergrün, gehackt,
Öl zum Fritieren,
Maisstärke,
2 TL Maisstärke, mit Wasser angerührt.

Die Tauben rupfen und ausnehmen. Schenkel wegschneiden und die Brust sorgfältig herausschneiden. Marinade mischen und die Schenkel und Brüste 1 Stunde einlegen.

Die übrigen Körperteile mit Knochen klein hacken und mit dem Setschuanpfeffer bestreuen. 1 EL Öl in der Pfanne erhitzen, salzen und Knoblauchzehe und Ingwer anbraten.

Die gehackten Taubenteile und die Brühe zugeben und 3/4 Std. bei schwacher Flamme kochen. Reiswein, Sojasoße und Koriander zugeben und noch 10 Min. kochen lassen.

In dieser Zeit Öl zum Fritieren erhitzen. Schenkel und Brüste aus der Marinade nehmen und in der Stärke wälzen, so daß das Fleisch ringsum bedeckt ist. Ca. 2 Min. fritieren, dann auf heißer Platte anrichten. Die Soße durchsieben, evtl. Brühe nachgießen, so daß es etwa $^1/_2$ bis $^3/_4$ ergibt. Wieder erhitzen, mit der Maisstärke binden und über das angerichtete Taubenfleisch gießen.

Protein 85 g, Fett 20 g, Kohlenhydrate 30 g. Kalorien 660 / Joule 2760.
Vorbereitungszeit: 30 Min.
Zubereitungszeit: 60 Min.

Truthahn mit Lychees und Lotusnüssen
Li Tschi Huo Tzi

荔枝火巣鳥

Auf diese Art können Sie mal Ihren Weihnachtsbraten anders gestalten. Wenn Sie die Platte schön anrichten und garnieren, sieht es genauso dekorativ und appetitlich aus wie bisher, als der ganze, herrlich gebräunte Vogel auf dem Tisch thronte.

400 g Truthahnfleisch,
3 EL Reiswein,
Salz, Pfeffer, Zucker.
Für die Soße:
1 EL helle Sojasoße, 2 EL Reiswein,
3 EL Saft aus der Lycheedose,
1 EL Zucker,
1 TL Essig,
1 EL frischer Ingwer, fein gewürfelt,
$^1/_2$ TL Chilisoße oder einige Tropfen Tabasco,
Glutamat, Salz, Pfeffer.
Außerdem:
5–8 chinesische Morcheln, Öl,
$^1/_2$ kleine Stange Lauch, in Streifen geschnitten,
1 kleine Paprikaschote, in Streifen geschnitten,
1 Tasse Bambussprossen, in Streifen geschnitten,
2 EL Lotusnüsse, geröstet,
1 Tasse Lychees (aus der Dose),
1 EL Maisstärke, mit Wasser angerührt.

Truthahnfleisch in mundgerechte Stücke schneiden, mit Reiswein mischen, würzen und 1 Std. stehen lassen.
Zutaten für die Soße mischen. Pilze ca. 15 Min. in Wasser einweichen. Das marinierte Truthahnfleisch in dem erhitzten Öl goldbraun fritieren, auf einer Platte in der Mitte anrichten und warm halten.
Das Gemüse in wenig Öl 2 Min. braten, Soße zumischen. Nach dem Aufkochen Nüsse und Lychees zugeben. Mit der Maisstärke eindicken. Um das Fleisch anrichten.

Protein 85 g, Fett 20 g, Kohlenhydrate 40 g. Kalorien 700 / Joule 2930.
Vorbereitungszeit: 10 Min.
Zubereitungszeit: 12 Min.

Fleischgerichte

Das ursprüngliche chinesische Schriftzeichen für Familie ist ein stilisiertes Schwein unter einem Dach. Dies mag Ihnen im ersten Moment vielleicht merkwürdig und lustig vorkommen, aber das Schwein ist das älteste und wichtigste Haustier und außerdem das Symbol des Glücks und des Wohlstandes. Leute, die im Jahr des Schweins geboren sind, stehen unter einem guten Stern.

In China gibt es einen netten Hochzeitsbrauch. Die Braut besucht am dritten Tag der Feierlichkeiten, die im Hause des Bräutigams stattfinden, zusammen mit dem frisch gebackenen Ehemann ihre Eltern. Sie überbringt von den Schwiegereltern ein kaltes gebratenes Spanferkel als Zeichen dafür, daß sie noch Jungfrau war. Die Eltern rufen stolz Freunde und Bekannte zusammen, um das Schweinchen zu verzehren. Käme sie ohne das Ferkel, hätte sie ihr Gesicht verloren und würde nie mehr nach Hause eingeladen.

Schweinefleisch ist in China beliebt, und es gibt demzufolge auch eine Unmenge von Gerichten. Rindfleisch hat in China erst in letzter Zeit an Bedeutung gewonnen, seit dort mit der Zucht von Schlachtvieh begonnen wurde. Das Rind war in China in erster Linie Arbeitstier. Auch wurden Weiden vorwiegend für Pferde gebraucht.

Innereien werden natürlich genausowenig verschmäht wie hier, und auch in China weiß man diese Leckerbissen zu schätzen. In früheren Zeiten spielten Innereien als Opfergerichte für die Götter eine bedeutende Rolle, und der Dichter Lo Ping (650 n. Chr.) lobt in phantasievollen Worten alles, »was aus dem Bauch von Tieren kommt«.

Hammelfleisch wird nur im Norden und Nordosten des Landes gegessen, besonders in der Mongolei. Ein typisches Gericht ist der Mongolentopf. Er ähnelt dem chinesischen Fonduetopf, nur wird ausschließlich Hammelfleisch verwendet. Das dortige Hammelfleisch kann nicht mit dem fetten europäischen verglichen werden. Auf den kargen Steppenweiden Zentralasiens wachsen die Tiere nur langsam und setzen kaum Fett an. Das Fleisch ist deshalb sehr schmackhaft.

Wildfleisch spielt heute in der chinesischen Küche nur eine untergeordnete Rolle, was nicht besagt, daß man Wild nicht genauso köstlich zuzubereiten weiß wie die anderen Fleischgerichte. Denn im alten China war Wild eine wesentliche Ernährungsquelle. Die kaiserlichen Höfe und die Fürstenhäuser richteten sich sogar Wildgehege ein, um ihren Bedarf an Wildbret zu decken.

Das Fleisch wird bei den meisten Gerichten in dünne Scheiben, Streifen oder mundgerechte Stücke geschnitten. Am besten geht es, wenn man das Fleisch etwas anfriert. Die Garzeit ist meist sehr kurz, es empfiehlt sich daher, die Verwendung von gut abgehangenem Filet. Eine Ausnahme bildet das Rotkochen, bei dem auch weniger zarte Stücke verwendet werden können.

Billigere Fleischteile kann man auch wie vorgeschrieben schneiden und dann einige Stunden einen »Zartmacher« einwirken lassen.

In Ostasien nimmt man für diesen Zweck Naturprodukte, die eiweißspaltende Substanzen enthalten. Die Anwendung ist absolut unschädlich und beeinflußt in keiner Weise den Geschmack. Man bestreicht dort das Fleisch mit dem Innern der Kiwifrucht. Die gleiche Wirkung erzielt man mit der Papayafrucht, oder man wickelt das Fleisch in die Blätter dieses Melonenbaumes. Blätter und Früchte enthalten das auf das Eiweiß wirkende Papain, das auch zu Extrakten für diese Zwecke verarbeitet wird. Es sind dies uralte Hausmittel, die auch den pazifischen Naturvölkern teilweise bekannt sind. Dort ist diese Prozedur wichtiger als hier. Bei dem warmen Klima kann man das Fleisch nicht abhängen.

Eines ist jedoch in der gepflegten chinesischen Küche verpönt: Fein gehacktes Fleisch für Klopse oder Nudelfüllungen wird von Hand zerkleinert und nicht durch den Wolf gedreht. Machen Sie sich die kleine Mühe, es lohnt sich. Außerdem haben Sie dann ein mageres Fleisch, ohne den verhältnismäßig hohen Fettanteil bei fertigem Hackfleisch.

Gegrilltes Schweinefleisch
Dscha Sao

叉火烧

Ein sehr würzig schmeckendes Fleisch und vielseitig verwendbar. Als Teil des Menüs, kalt als Vorspeise mit einer passenden Soße zum Dippen oder bei der Grillparty. Versuchen Sie es auch mal mit einem schönen Stück Spanferkel, beispielsweise Rücken oder Hinterkeule. Schon beim Schreiben dieser Zeilen läuft mir das Wasser im Mund zusammen!

1 Stange Lauch,
400 g Schweinefleisch,
5 Scheiben frischer Ingwer,
5 EL dunkle Sojasoße,
3 EL Reiswein,
1 EL Zucker,
Salz, 5-Gewürz-Pulver,
Pfeffer, Glutamat,
1 EL Honig,
1 EL Öl.

Lauch in 3 cm lange Stücke schneiden und mit dem flachen Messer zerquetschen. Das Fleisch mit dem Lauch, Ingwer, Sojasoße, Reiswein, dem Zucker und den Gewürzen marinieren und 5–6 Std. oder über Nacht stehen lassen. Ab und zu wenden.

Backofen auf 225 Grad erhitzen und das Fleisch auf dem Rost auf jeder Seite etwa 10 Min. grillen. Hitze auf 175 Grad reduzieren.

Lauch und Ingwer aus der restlichen Marinade nehmen. Honig und Öl mit der Marinade gut vermischen und damit das Fleisch einpinseln und drehen. Ab und zu wiederholen und grillen, bis es durch ist. (Je nach Dicke insgesamt noch 15–20 Min.) Fleisch in Scheiben schneiden und anrichten.

Protein 80 g, Fett 30 g, Kohlenhydrate 30 g.
Kalorien 730 / Joule 3055.
Vorbereitungszeit: 5 Min.
Zubereitungszeit: 40 Min.

Schweinefleisch vom Rost auf Kantonart

Sao Ro

火克肉

Man sieht diese appetitlich aussehenden, schönen roten Stücke überall in den Garküchen hängen. Frisch schmeckt das Fleisch genausogut, wie kalt als Vorspeise oder Zwischengericht, mit einer dazu passenden Soße.

400 g mageres Schweinefleisch
(Lendenstück), Sojasoße.
Für die Marinade:
1 EL Reisschnaps,
3 EL helle Sojasoße,
1 EL Zucker,
Salz, 5-Gewürz-Pulver.
Für die Paste:
1 EL rote Bohnenpaste,
1 EL Bohnensoße,
1/2 EL Sesampaste,
1/2 TL Zucker,
3 EL dunkle Sojasoße.
Für die Soße:
2 EL dunkle Sojasoße,
1/2 Tasse Sirup oder Honig,
1 EL Zucker.

Fleisch in 15–20 cm lange und etwa 3 cm dicke Streifen schneiden. Die Zutaten für die Marinade mischen. Die Fleischstücke darin wenden und in der Marinade 1/2 Std. stehen lassen. Die Zutaten für die Paste mischen und den Backofen auf 225 Grad erhitzen.
Das Fleisch aus der Marinade nehmen und allseitig mit der Paste einstreichen. Auf beiden Seiten auf dem Rost je 10 Min. backen. Oberseite mit Sojasoße einpinseln und 5 Min. weiterbacken, mit der anderen Seite wiederholen.
In der Zwischenzeit die Soßenzutaten mischen und kurz erhitzen. Vom Feuer nehmen, ein bißchen abkühlen lassen, und Fleisch in dieser Soße wälzen, herausnehmen und dies noch zweimal wiederholen.
Die Fleischstücke quer in Scheibchen schneiden und lauwarm servieren.

Protein 80 g, Fett 20 g, Kohlenhydrate 60 g.
Kalorien 760 / Joule 3180.
Vorbereitungszeit: 10 Min.
Zubereitungszeit: 25 Min.

Marinierte Koteletts

Lu Suei Dschu Ro

肉水子角肉

Eine Spezialität aus Peking. Die Koteletts werden vor dem Servieren in mundgerechte Stücke geschnitten und in der ursprünglichen Form angerichtet. Zum Dippen reicht man eine Bohnensoße mit Knoblauch.

4 magere Koteletts.
Für die Marinade:
3 EL dunkle Sojasoße,
2 TL Sesamöl,
1 TL Zucker, Pfeffer,
Salz, Glutamat.
Außerdem:
2–3 EL Maisstärke,
1/2 Tasse Öl (in der Pfanne 1/2 cm).

Die Koteletts mit dem flachen Messerteil drücken und auf beiden Seiten kreuz und quer etwa 3 mm einschneiden.

Marinade mischen und das Fleisch darin 30 Min. einlegen, ab und zu wenden. Koteletts abtropfen lassen und beide Seiten mit Maisstärke leicht einreiben (etwa 1 TL für jede Seite). Öl in der Pfanne erhitzen. Die Koteletts auf jeder Seite 5–7 Min. fritieren, bis sie goldbraun sind.

Protein 80 g, Fett 30 g, Kohlenhydrate 20 g. Kalorien 690 / Joule 2890. Vorbereitungszeit: 5 Min. Zubereitungszeit: 12 Min.

Gebackenes Schweinefleisch
Kao Dschu Ro

烤豬肉

Eines der vielen einfachen Pfannengerichte, die schnell zubereitet sind. Man kann es jedoch auch als Teil eines Menüs, nicht nur als Einzelmahlzeit, servieren.

400 g Schweinefleisch, mager,
1 Schalotte, 2 EL Reiswein,
4 EL dunkle Sojasoße,
1/2 TL frischer Ingwer, fein gehackt,
Öl zum Fritieren,
1 EL Zucker, 1 EL grüner Pfeffer,
Salz, Glutamat.

Fleisch in mundgerechte Stücke schneiden. Schalotte mit dem flachen Messer zerdrücken. Fleisch mit Schalotte, Reiswein, Sojasoße und Ingwer mischen und 30 Min. stehen lassen.

Öl erhitzen und das Fleisch fritieren, bis es braun ist. Herausnehmen und abtropfen lassen. Restliche Marinade in der Pfanne erhitzen, Zucker einstreuen, nach einigen Sekunden Fleisch und grünen Pfeffer beigeben. Abschmecken, durchmischen und servieren.

Protein 90 g, Fett 20 g, Kohlenhydrate 40 g. Kalorien 720 / Joule 3010. Vorbereitungszeit: 5 Min. Zubereitungszeit: 10 Min.

Gegrillte Schälrippchen
Kao Pai Gu

烤排骨

Diese abgeschälten Rippenknochen oder Rippenspeer sind auch in Europa ein beliebtes Grillgericht, chinesisch zubereitet eine Delikatesse. Wenn Sie ein Zugeständnis westlicher Art machen wollen, flambieren Sie die Stücke beim Servieren. Nicht ganz chinesische Art, aber effektvoll und bei Verwendung des richtigen Brennstoffs sehr geschmacksabrundend. Wer weiß, ob nicht Kublai Khan es auch so gemacht hat?

1–1,5 kg Schälrippchen,
3–4 EL Zucker.
Für die Marinade:
1 EL rote Bohnenpaste,
1 EL Bohnensoße, 2 EL helle Sojasoße,
1 EL Hoi-Sin-Soße,
1 EL Sesampaste,
1 TL 5-Gewürz-Pulver.
Außerdem:
einige EL Öl.

Das Rippenstück mit 1–2 EL Zucker einreiben und mindestens $1/2$ Std. stehen lassen, damit der Zucker einziehen kann.
Die Marinadenzutaten mischen, den restlichen Zucker zugeben. Die Bratröhre auf 225 Grad erhitzen. Das Rippenstück mit einem Teil der Marinade einreiben oder einpinseln und auf dem Rost 20 Min. grillen.
Mit dem Öl einpinseln und wenden.
Hitze auf 175 Grad reduzieren und etwa weitere 20 Min. rösten. Immer wieder drehen und abwechslungsweise mit Öl und Marinade einpinseln.
Die Garzeit hängt von der Dicke der Fleischschicht ab. Außen müssen die Rippchen schön rotbraun sein.

Protein 100 g, Fett 100 g, Kohlenhydrate 45 g.
Kalorien 1525 / Joule 6380.
Vorbereitungszeit: 10 Min.
Zubereitungszeit: 50 Min.

Rotgekochtes Schweinefleisch

Hung Sao Dschu Ro

红烧猪肉

Die Methode des Rotkochens hat ihren Ursprung im Osten Chinas, hat sich aber im Laufe der Zeit auf ganz China ausgedehnt. Dieses Gericht kann man heiß servieren oder kalt als Vorgericht mit einer Senfsoße zum Dippen. Da es sehr lange gekocht wird, braucht man nicht unbedingt ein teures Filetstück nehmen. In China nimmt man dazu mit Vorliebe ein Stück mit Schwarte und Knochen z. B. ein Stück Oberschenkel. Dies

kann jedoch sehr fett sein und ist nicht jedermanns Sache. Die Soße aufbewahren, es ist eine Variante der »Meistermarinade«. Ein Löffel davon einem Gericht mit Sojasoße zugefügt, gibt ihm den letzten Pfiff.

400–500 g Schweinefleisch,
Salzwasser zum Brühen.
Für den Sud:
1 1/2 Tassen Wasser,
1 Stück frischer Ingwer, 2–3 cm lang,
2 Knoblauchzehen,
2–3 Lauchblätter,
2 Sternanis,
5 Stengel Koriandergrün,
2 TL Zucker,
10 schwarze Pfefferkörner,
1 TL Sesamöl,
Salz,
Glutamat.
Außerdem:
1/2 Tasse Sojasoße,
3 EL Reiswein.

Das Schweinefleisch mit dem kochenden Salzwasser übergießen und ein paar Minuten stehen lassen. Herausnehmen und abtropfen lassen.
Zutaten für den Sud in einen Topf geben, das Fleisch dazu und alles zum Kochen bringen. Eine halbe Stunde zugedeckt bei kleiner Flamme köcheln, dann Reiswein und Sojasoße zugeben. 1–1 1/2 Std. weiter köcheln, bis das Fleisch weich ist. Ab und zu wenden.
Aufgedeckt noch 10 Min. stehen lassen und dabei mit einem Löffel das Fleisch laufend mit der Brühe begießen.
Wenn es kalt serviert werden soll, dann in der Brühe abkühlen lassen. Einige Male

wenden. Aus der Brühe nehmen und im Kühlschrank vollends kalt werden lassen. In feine Scheiben oder mundgerechte Stücke schneiden und anrichten. Dazu reicht man Pickles oder Senfpaste.

Protein 85 g, Fett 25 g, Kohlenhydrate –.
Kalorien 580 / Joule 2415.
Vorbereitungszeit: 5 Min.
Zubereitungszeit: 2 Std.

Schweinefleisch mit Nudeln und Bohnensprossen
Dschu Ro Mien
承者肉荳弓

Wenn Sie dieses Gericht außerhalb der Erbsensaison zubereiten wollen, nehmen Sie statt der Zuckererbsen ruhig grüne Erbsen aus der Dose. Die Abwandlung bedeutet keine erhebliche Beeinträchtigung.

300 g Schweinefleisch, fein geschnitzelt,
20 g Glasnudeln,
Öl zum Braten,
Salz,
1 Tasse Bohnensprossen,
1 Tasse Zuckererbsen,
1 EL Koriander, gehackt.
Für die Marinade:
1 Knoblauchzehe, fein gehackt,
1 große Zwiebel, grob geschnitten,
1 TL frischer Ingwer, fein gehackt,
2 TL Curry,
Salz, Pfeffer.
Für die Soße:
3 EL dunkle Sojasoße,
3 EL Reiswein,
2 EL Zucker,
1 EL Maisstärke,
Wasser,
Salz, Glutamat,
einige Tropfen Tabasco.

Zutaten für die Marinade mischen und das Fleisch darin 15 Min. einlegen. Soßenzutaten mischen und mit Wasser auffüllen, daß es eine 3/4 Tasse gibt. Glasnudeln fingerlang schneiden und nach Gebrauchsanweisung zubereiten. Öl in der Pfanne erhitzen, salzen. Die Bohnensprossen und Erbsen zugeben und 2–3 Min. braten. Die Glasnudeln und den Koriander untermischen und zugedeckt warm halten. Wieder Öl in der Pfanne stark erhitzen. Das Fleisch mit der Marinade 2 Min. braten, dabei das Fleisch auseinanderrühren. Mit der Soße ablöschen und nach 1 Min. vom Herd nehmen. Gemüse mit Nudeln auf einer Platte anrichten und in die Mitte das Fleisch geben.

Protein 70 g, Fett 60 g, Kohlenhydrate 85 g.
Kalorien 1195 / Joule 5000.
Vorbereitungszeit: 15 Min.
Zubereitungszeit: 6 Min.

Fleischklösse
Ro Wan
肉丸

Ein Standardgericht, für dessen Zusammensetzung es so viele Varianten wie Köche gibt. Das folgende Rezept stammt von meinem heimischen Herd. Meinen Tischgästen haben sie immer trefflich gemundet. Ich nehme aber nur gutes, mageres Fleisch und hacke es selbst mit dem Messer.

400 g feingehacktes, mageres
Schweinefleisch,
1 TL frischer Ingwer, fein gehackt,
1 EL Reiswein,
1 Knoblauchzehe, fein gehackt,
1 Ei,
2 EL Maisstärke,
1 EL grüner Pfeffer,
1/2 kleine Stange Lauch, fein gehackt,
Salz, 5-Gewürz-Pulver, Glutamat,
Öl zum Fritieren.

Fleisch mit den Zutaten (außer Öl) in obiger Reihenfolge gut durchmischen. Die Mischung muß so sein, daß sich mit der nassen Hand Bällchen von ca. 2 1/2 cm Durchmesser formen lassen (evtl. noch etwas Maisstärke untermischen).
Öl erhitzen. Die Bällchen hineingeben und fritieren, bis sie außen braun und knusprig sind.
Die Fleischklößchen kann man mit Soße servieren oder auch in einer Brühe als Suppe. In diesem Fall werden die Klößchen in der Fleischbrühe gekocht.
Als Soße zum Dippen eignet sich sehr gut eine süß-saure Soße, Tomatensoße oder Bohnensoße. Für Leute, die es scharf lieben, empfehle ich eine Chilisoße, gemischt mit Tomatenmark und feingehacktem Knoblauch.

Protein 85 g, Fett 40 g, Kohlenhydrate 20 g.
Kalorien 800 / Joule 3345.
Vorbereitungszeit: 20 Min.
Zubereitungszeit: 10 Min.

Schweinefleisch mit Nüssen und Broccoli
Tziäh Lan Dschu Ro

芥蘭子豬肉

Ein Gericht der Kantonküche. Es schmeckt auch mit ganz frischen Walnüssen. Wenn Ihnen die Schwarte des Fleisches zu hart erscheint, können Sie sie vor dem Anrichten wegschneiden.

300 g Schweinefleisch vom Oberschenkel
mit Schwarte.
Für die Marinade:
2 EL Reiswein,
1 EL Maisstärke,
Salz, Pfeffer, Glutamat.
Außerdem:
1 Tasse Karotten,
1 Tasse Bambussprossen,
2 Tassen Broccoli,
1 Tasse Cashew-Nüsse, Öl zum Braten,
Salz,
2 EL helle Sojasoße,
Zucker, Glutamat.

Schweinefleisch in mundgerechte Stücke schneiden. Marinade mischen und darin das Fleisch einlegen. 1/2 Std. stehen lassen.
Die Karotten blanchieren, Bambussprossen in dünne Scheiben, Broccoli in Stückchen schneiden. Nüsse 5 Min. im heißen Öl backen. Öl in der Pfanne erhitzen, das Fleisch mit der Marinade 4 Min. braten und beiseite stellen. Wieder Öl erhitzen, salzen, Karotten und die Bambussprossen 2 Min. braten.

Broccoli, Fleisch und Nüsse zugeben, Sojasoße, Zucker und Glutamat unterrühren, eine weitere Minute braten und anrichten.

Protein 95 g, Fett 60 g, Kohlenhydrate 50 g.
Kalorien 1150 / Joule 4810.
Vorbereitungszeit: 10 Min.
Zubereitungszeit: 12 Min.

Schweinefleisch mit Kohl und scharfer Sosse
Bai Zai Dschu Ro

白菜猪肉

Nichts für zarte Gaumen. Ein scharfes Gericht, bei dem das Fleisch nicht unbedingt ganz mager sein muß. Das Rezept kommt aus der Provinz Hunan.

300 g Schweinefleisch,
1 Frühlingszwiebel.
Für die Soße:
3 EL helle Sojasoße, 2 TL Zucker,
1 TL Chilisoße (nach Geschmack etwas mehr), Glutamat.
Außerdem:
Öl zum Braten, Salz,
2 Knoblauchzehen, fein gehackt,
2 Tassen Chinakohl, in Streifen geschnitten,
1 Paprikaschote, in Streifen geschnitten,
1 TL Maisstärke, mit Wasser angerührt,
1 TL Setschuanpfeffer, gemahlen.

Frühlingszwiebel in 5 cm lange Stücke schneiden und zusammen mit dem Schweinefleisch 10 Min. in kochendes Wasser legen. Das Fleisch muß mit Wasser bedeckt sein.
Zutaten für die Soße mischen. Fleisch in mundgerechte dünne Scheibchen schneiden. Öl in der Pfanne erhitzen, salzen und Knoblauch kurz anbraten.
Fleisch, Kohl, Frühlingszwiebel und Paprikaschote zugeben und 2 Min. bei großer Hitze braten. Die Soße einrühren und weitere 1–2 Min. dünsten. Maisstärke unterrühren und kochen, bis die Soße dick wird. Pfeffer darüberstreuen und anrichten.

Protein 65 g, Fett 30 g, Kohlenhydrate 30 g.
Kalorien 685 / Joule 2865.
Vorbereitungszeit: 5 Min.
Zubereitungszeit: 15 Min.

Schweinefleisch mit Pfefferschoten
La Tziao Dschu Ro

辛東木叔猪肉

Ein typisches Setschuangericht, das der Teufel erfunden haben muß. Nur für Leute, die Ihren Gaumen mit den schärfsten Balkangerichten trainiert haben.

300 g mageres Schweinefleisch,
2 TL dunkle Sojasoße,
2 TL Maisstärke, Öl zum Braten,
3 rote lange Pfefferschoten, in Streifen geschnitten, 3 grüne lange Pfefferschoten, in Streifen geschnitten,
Salz, 1 TL Zucker, Glutamat,
1 Tasse Bambussprossen,
1 EL Reiswein.

Fleisch, in feine Streifen schneiden und mit der Sojasoße und Maisstärke mischen. Öl in der Pfanne erhitzen und das Fleisch 3 Min. braten.
Pfefferschoten, Salz, Zucker und Glutamat zugeben. Weitere 30 Sek. braten. Bambussprossen untermischen und eine weitere Minute braten. Wein darüberträufeln, kurz umrühren und vom Feuer nehmen.

Protein 60 g, Fett 35 g, Kohlenhydrate 30 g.
Kalorien 695 / Joule 2910.
Vorbereitungszeit: 15 Min.
Zubereitungszeit: 5 Min.

Schweinefleisch mit Currysosse
Tzia Li Dschu Ro
加厘豬肉

Auch eine jener zahlreichen sino-indischen Kreuzungen, die so häufig einen reizvollen Geschmack ergeben.

400 g Schweinefleisch (Filet).
Für die Marinade:
3 EL Reiswein,
1 Knoblauchzehe, fein gehackt,
1 TL frischer Ingwer, fein gerieben,
Salz, Pfeffer.
Außerdem:
2 EL Curry, 1 EL Erdnußbutter,
einige Tropfen Tabasco oder
1/2 TL Chilisoße,
Maisstärke, Öl zum Braten,
1/4 Tasse Brühe,
1 Banane, in Scheibchen geschnitten.

Fleisch in mundgerechte Würfel schneiden. Marinadenzutaten mischen. Fleisch darin 20–30 Min. einlegen.
Curry, Erdnußbutter und Tabasco oder Chilisoße mischen. Fleischstücke in Maisstärke wenden. Öl in der Pfanne erhitzen, die Fleischstücke etwa 5 Min. braten. Mit der Brühe ablöschen.
Curry-Erdnußbutter-Gemisch unterrühren und noch 2 Min. zugedeckt dünsten. Am Schluß die Banane untermischen, vom Feuer nehmen und servieren.

Protein 85 g, Fett 35 g, Kohlenhydrate 30 g.
Kalorien 800 / Joule 3345.
Vorbereitungszeit: 5 Min.
Zubereitungszeit: 8 Min.

Chinesisches Roastbeef
Niu Pa
牛扒

Man kann das Fleisch heiß oder kalt essen. Wichtig ist, daß es innen saftig bleibt und nicht überbraten ist. Es soll noch im Kern eine rosa Farbe haben wie das englische Roastbeef.

500 g Rindfleisch (Lende oder Filet,
gut abgehangen).
Für die Marinade:
2 Knoblauchzehen, fein gehackt,
1 TL frischer Ingwer, gerieben,
1 EL Setschuanpfeffer,
1 EL Honig,
1 EL Reiswein,
3 EL dunkle Sojasoße,
Salz, Glutamat.

Die Marinade mischen und das Fleisch damit 5 Min. massieren. In der Marinade 5–6 Std. oder über Nacht stehen lassen. Vor Gebrauch nochmals durchkneten.
Backofen auf 250 Grad erhitzen und das Fleisch 5 Min. grillen. Hitze auf 200 Grad reduzieren und weitere 8–10 Min. grillen. Quer zur Faser in Scheiben schneiden und anrichten.

Protein 110 g, Fett 10 g, Kohlenhydrate –.
Kalorien 545 / Joule 2200.
Vorbereitungszeit: 10 Min.
Zubereitungszeit: 15 Min.

Rindfleisch mit Sojawürfeln
Tziang Jiu Niu Ro

醬油牛肉

Auch wenn Sie ein begeisterter Anhänger von glasierten, geschmorten oder gebackenen Kalbshaxen sind, werden Sie nach Genuß dieses Gerichts zugeben, daß diese Art der Zubereitung auch zu einem akzeptablen Ergebnis führt. Das Gericht ist im Norden Chinas sehr beliebt.

1 Rinds- oder Kalbshaxe (ca. 1,5–2 kg),
1¹/₂ l Wasser,
5 Sternanis,
4 EL dunkle Sojasoße,
2 EL Zucker, 1 EL Salz,
3 EL Reiswein,
1 TL 5-Gewürz-Pulver,
1 Bund Petersilie.

Etwaiges Fett von der Haxe entfernen. Wasser zum Kochen bringen. Anis und Haxe hineingeben und etwa ¹/₂ Std. halb zugedeckt kochen. Sojasoße, Zucker und Salz zugeben und 1 weitere Stunde zugedeckt bei kleiner Hitze köcheln.
Reiswein und 5-Gewürz-Pulver zugeben und offen noch etwa ¹/₂ Std. kochen, bis das Fleisch weich ist und die Brühe bis auf etwa 1 Tasse verdampft ist. Bei gut abgehangenem Fleisch kann die 2. Kochstufe zeitlich reduziert werden.
Ist das Fleisch weich, aber die Brühe noch nicht genügend verdampft, nimmt man es heraus und kocht die Brühe weiter ein. Die Soße in eine Schüssel geben und kalt werden lassen, ebenso das Fleisch. Beides getrennt ¹/₂ Std. in den Kühlschrank stellen. Das Fleisch vom Knochen und in Scheiben schneiden. Die gelierte Soße in Würfel schneiden und mit ihnen und Petersilie die Platte garnieren. Damit die Soße besser geliert, empfiehlt es sich, 1 Kalbszehe mitzukochen oder, bevor man sie vom Feuer nimmt, Gelatine zuzugeben.

Protein 115 g, Fett 20 g, Kohlenhydrate 50 g.
Kalorien 860 / Joule 3595.
Vorbereitungszeit: 5 Min.
Zubereitungszeit: 2 Std.

Rindfleisch mit Currysosse
Tzia Li Niu Ro

加厘牛肉

(Zum Foto auf Seite 60)

Außerhalb Chinas sind die Gerichte chinesischer Küchen von den dort heimischen Methoden und Zutaten beeinflußt worden.

Dabei sind teilweise ganz interessante Kreuzungen entstanden, bei denen jedoch immer das chinesische Element überwiegt. Sehr beliebt sind in Südasien Currygerichte.

400 g Rindfleisch.
Für die Soße:
1 EL Currypulver (nach Belieben mehr),
1 EL Maisstärke,
1 TL Zitronensaft,
Glutamat,
Salz,
Zucker,
1 Tasse Fleischbrühe.
Außerdem:
Öl zum Braten,
1 TL frischer Ingwer, gehackt,
Salz,
5-Gewürz-Pulver,
1 Selleriestengel, diagonal in Stückchen geschnitten,
1 große Zwiebel, in achtel Schalen geschnitten,
1 grüne Paprikaschote, in Streifen geschnitten,
Champignons nach Belieben.

Fleisch in Streifen schneiden. Zutaten für die Soße mischen. Öl in der Pfanne stark erhitzen, Fleisch mit Ingwer 2 Min. braten und dabei würzen.
Das Gemüse zugeben und 1 weitere Min. braten. Die Soße unterrühren und bei kleiner Hitze 5 Min. dünsten.

Protein 90 g, Fett 20 g, Kohlenhydrate 20 g.
Kalorien 635 / Joule 2660.
Vorbereitungszeit: 10 Min.
Zubereitungszeit: 8 Min.

Rindfleisch mit Austernsosse

Hao Jio Niu Ro

虫豪油牛肉

400 g mageres Rindfleisch.
Für die Marinade:
1 EL Sojasoße, 1 EL Maisstärke,
1 TL frischer Ingwer, gerieben,
1 EL Öl, Salz, Glutamat.
Für die Soße:
1 EL dunkle Sojasoße,
1 EL Maisstärke, 2 EL Austernsoße,
1 TL Zucker, 3/4 Tasse Wasser.
Außerdem:
5 schwarze Pilze,
2 Tassen junge Erbsenschoten,
Öl zum Braten.

Fleisch in mundgerechte Stücke schneiden. Die Marinade mischen und das Fleisch hineingeben. 15 Min. stehen lassen, gelegentlich wenden.
Pilze in Wasser 15–20 Min. aufweichen, ausdrücken und in Streifen schneiden. Von den Erbsen Enden und Fäden entfernen. Zutaten für die Soße mischen.
Öl in der Pfanne erhitzen, Pilze und Erbsen 1 Min. braten und beiseite stellen. Wieder etwas Öl erhitzen. Das marinierte Fleisch hineingeben und 3 Min. braten. Die Soße, Pilze und Erbsen zugeben und noch 2–3 Min. dünsten.

Protein 90 g, Fett 25 g, Kohlenhydrate 40 g.
Kalorien 765 / Joule 4000.
Vorbereitungszeit: 10 Min.
Zubereitungszeit: 7 Min.

Schweinefleisch süss-sauer

Tang Tschu Dschu Ro

羊后西昔多者肉

(Zum Foto auf Seite 61)

Das ist eine der bekanntesten klassischen chinesischen Speisen. Man könnte die Zutaten vereinfachen, aber der Aufwand lohnt sich, um diesen bunten Strauß richtig genießen zu können. Nehmen Sie, falls erhältlich, statt der Gewürzgurke Setschuan-Pickles.

400 g Schweinefleisch.
Für die Marinade:
1 EL dunkle Sojasoße,
1 EL Reiswein,
Salz, Pfeffer,
5-Gewürz-Pulver, Glutamat.
Für den Teig:
1 Ei,
1 EL Mehl,
3 EL Maisstärke.
Für die Soße:
3 EL Tomaten-Ketchup,
3 EL Essig,
3 EL Zucker,
1 EL Ananassaft,
1 TL dunkle Sojasoße.
Außerdem:
4 schwarze Pilze,
1 Karotte, längs halbiert und in 2 cm lange Stücke geschnitten,
Öl zum Fritieren,
1 Knoblauchzehe, fein gehackt,
1 Zwiebel, in Viertelschalen geschnitten,
1 rote Paprikaschote, in Stückchen geschnitten,
1 grüne Paprikaschote, in Stückchen geschnitten,
1/2 Tasse Ananaswürfel,
(frische oder aus der Dose)
1 Gewürzgurke,
1 Tasse Bambussprossen, in Streifen geschnitten,
1 EL Maisstärke, in wenig Wasser angerührt.

Fleisch in mundgerechte Würfel schneiden. Die angegebenen Marinadenzutaten gut miteinander mischen. Das Fleisch darin 20 Min. stehen lassen.
Pilze ca. 15 Min. in Wasser einweichen und dann in Streifen schneiden. Teigzutaten mischen. Karotten blanchieren. Soßenzutaten mischen.
Den Teig über das marinierte Fleisch geben und gut mischen. Öl erhitzen, die Fleischstücke einzeln hineingeben und backen, bis sie knusprig sind, herausnehmen und abtropfen lassen.
2 EL Öl in die Pfanne geben, gehackten Knoblauch kurz braten, dann das Gemüse und die Pilze zugeben und 1 Min. braten. Die Soße dazurühren, zugedeckt zum Kochen bringen und mit der Maisstärke binden. Zum Schluß das Fleisch daruntermischen.
Man kann auch das Gemüse in dem Öl, in dem das Fleisch gegart wurde, 1 Min. fritieren, herausnehmen, abtropfen lassen, mit dem Fleisch vermischen und dann die Soße darübergießen.

Protein 85 g, Fett 30 g, Kohlenhydrate 100 g.
Kalorien 1040 / Joule 4355.
Vorbereitungszeit: 25 Min.
Zubereitungszeit: 6 Min.

Gebratene Nieren
Rezept Seite 92

Löwenköpfe
Si Dschi To

狮子頭

Der Name bezeichnet Fleischklopse, mit Kohlblättern umlegt, die, einige Phantasie vorausgesetzt, als Köpfe mit Mähnen definiert werden können. Das Gericht hat seinen Ursprung im Osten, in der Provinz Kiangsu. Man kennt es aber in ganz China. Es läßt sich sehr dekorativ anrichten.

150 g roher Schinken,
300 g Schweinefleisch,
2 TL frischer Ingwer,
1 Schalotte,
2 EL Reiswein,
2 EL Brühe,
1 EL dunkle Sojasoße,
1 EL Maisstärke,
Salz, Zucker, 5-Gewürz-Pulver, Glutamat,
1 Ei, Maisstärke,
Öl zum Fritieren,
300 g Chinakohl,
Öl zum Braten, Salz.
Für die Soße:
2 EL dunkle Sojasoße,
2 EL Reiswein,
1/2 Tasse Brühe,
1 TL Maisstärke,
Salz, Pfeffer, Glutamat.

Schinken, Schweinefleisch, Ingwer und Schalotte fein hacken und mit dem Reiswein, der Brühe, Sojasoße, der Maisstärke und den Gewürzen mischen.
Aus der Masse 4–5 Bälle formen und ein wenig plattdrücken. Falls die Masse nicht zusammenhält, noch etwas Brühe und Maisstärke untermischen. Die Bälle nun in dem geschlagenen Ei, dann in der Maisstärke wälzen.
Öl erhitzen und die Bälle 1 Min. fritieren. Herausnehmen und beiseite stellen.
Große Kohlblätter einmal durchschneiden, kleine ganz lassen und waschen.
2 EL Öl in einer Kasserolle erhitzen. Salzen und die Kohlblätter 1 Min. braten. Die Soßenzutaten mischen und dazugießen.
Nun die Hälfte der Blätter am Boden der Kasserolle lassen, die Bälle darauflegen, mit der anderen Hälfte des Kohls überdecken und zugedeckt bei kleiner Hitze 20 Min. ziehen lassen. Evtl. noch etwas Brühe nachgießen.
Die Bälle auf eine Platte geben, den Kohl rund um jeden Ball anrichten und die Soße darübergießen.

Protein 100 g, Fett 55 g, Kohlenhydrate 40 g.
Kalorien 1085 / Joule 4540.
Vorbereitungszeit: 25 Min.
Zubereitungszeit: 40 Min.

Rindfleisch mit Erbsenschoten
Biän Do Niu Ro

扁豆牛肉

Junge Erbsenschoten sind als Zugabe zu Fleischgerichten sehr beliebt. Sie werden fast immer getrennt gegart und zurückhaltend gewürzt, um den typischen Eigengeschmack zu erhalten. Das Gericht ist saisonbedingt, denn die Schoten können durch nichts ersetzt werden.

Huhn mit Currysoße
Rezept Seite 62

85

2 Tassen Erbsenschoten,
350 g Rinderfilet.
Für die Marinade:
1 TL Zucker,
1 EL Maisstärke,
2 EL dunkle Sojasoße,
1 EL Reiswein,
Salz, 5-Gewürz-Pulver, Glutamat.
Außerdem:
Öl zum Fritieren und Braten,
1 Stück frischer Ingwer (2 cm),
1 Schalotte,
1 TL Maisstärke, mit wenig Wasser
angerührt,
1 TL Sesamöl,
Salz, Pfeffer,
2 EL Reiswein.

Von den Erbsen Fäden und Spitzen entfernen. Filet in mundgerechte Stücke schneiden. Marinade mischen und damit das Fleisch 20 Min. marinieren.
Öl erhitzen und das Fleisch 1 Min. fritieren. Herausnehmen und abtropfen lassen. Öl in der Pfanne erhitzen. Ingwer und Schalotte zerdrücken und anbraten. Nach 1 Min. wieder herausnehmen.
Maisstärke und Sesamöl in die Pfanne geben, das Fleisch hinzufügen und kurz schwenken. Auf eine heiße Platte geben. Wieder etwas Öl in der Pfanne erhitzen, Salz, Pfeffer und die Erbsen einstreuen, 2 Min. braten. Reiswein darüberträufeln und vom Feuer nehmen. Erbsenschoten um das Fleisch auf der Platte anrichten.

Protein 80 g, Fett 25 g, Kohlenhydrate 35 g.
Kalorien 660 / Joule 2760.
Vorbereitungszeit: 10 Min.
Zubereitungszeit: 5 Min.

Geschnitzeltes Rindfleisch mit Zwiebeln

Jang Dschung Niu Ro

洋蔥牛肉

Ein sehr pikantes Gericht, in Minuten zubereitet. Zwiebeln und Schalotten sind im Geschmack dominierend.

400 g mageres Rindfleisch.
Für die Marinade:
1 EL Öl, 1 EL Reiswein,
1 EL dunkle Sojasoße,
1 TL Maisstärke, 1 TL Zucker.
Außerdem:
Öl zum Braten, Salz,
2 Tassen Zwiebeln, in Viertelschalen
geschnitten,
1 Tasse Schalotten oder Lauch, in
Diagonalstücke geschnitten,
Glutamat, Pfeffer.

Fleisch in dünne Streifen schneiden. Mit der Marinade mischen und 30 Min. stehen lassen.
In der Pfanne Öl erhitzen, Salz und Zwiebeln einstreuen, 1 Min. braten. Schalotten zugeben, weitere 2 Min. braten und herausnehmen.
In der gleichen Pfanne wiederum Öl erhitzen. Das Fleisch darin kurz anbraten, bis es sich färbt. Würzen und 1 Min. weiterbraten. Zwiebeln und Schalotten untermischen.

Protein 90 g, Fett 20 g, Kohlenhydrate 30 g.
Kalorien 680 / Joule 2845.
Vorbereitungszeit: 5 Min.
Zubereitungszeit: 5 Min.

Geschnitzeltes Rindfleisch mit Paprika

Tzing Tziao Niu Ro

青林又牛肉

300 g mageres Rindfleisch,
1 EL Reiswein, 1 EL Maisstärke,
Salz, Pfeffer, 5-Gewürz-Pulver,
Öl zum Braten,
1/2 Tasse Schalotten oder Lauch, in
Diagonalscheiben geschnitten,
1/2 Tasse Bambussprossen, in feine
Streifen geschnitten,
1 Tasse grüne Paprikaschoten, in Streifen
geschnitten,
1/2 Tasse rote Paprikaschoten, in Streifen
geschnitten.
Für die Soße:
1 EL dunkle Sojasoße,
2 EL Reiswein, 3 EL Brühe,
Salz, Zucker, Glutamat.

Fleisch in feine Streifen schneiden. Mit dem
Reiswein, der Stärke, Salz, Pfeffer und 5-
Gewürz-Pulver mischen. 15 Min. stehen
lassen.
Öl in der Pfanne erhitzen. Das Gemüse
2 Min. braten. Die Soßenzutaten mischen
und einrühren. Vom Feuer nehmen. In derselben Pfanne Öl erhitzen und darin das
Fleisch braten, bis es sich verfärbt hat. Das
Gemüse wieder zugeben, durchmischen
und anrichten.

Protein 65 g, Fett 20 g, Kohlenhydrate 15 g.
Kalorien 515 / Joule 2155.
Vorbereitungszeit: 15 Min.
Zubereitungszeit: 4 Min.

Rindfleisch mit Bohnensprossen

Jia Tzai Niu Ro

芽菜牛肉

300 g Rindfleisch,
2 Tassen Bohnensprossen.
Für die Marinade:
1 EL Reiswein, 1 Eiweiß,
1 TL Maisstärke,
Glutamat, Salz, Pfeffer.
Außerdem:
Öl zum Braten, Salz,
1/2 Tasse Bambussprossen, in Streifen
geschnitten,
1 Paprikaschote, in Streifen geschnitten,
1 kleine Stange Lauch, in
Diagonalscheiben geschnitten,
1 Knoblauchzehe, fein gehackt,
1 EL dunkle Sojasoße,
1/4 TL Zucker.

Das Rindfleisch in feine Streifen schneiden.
Bohnensprossen säubern. Rindfleisch mit
der Marinade vermischen und 20 Min. stehen lassen.
2 EL Öl in der Pfanne erhitzen, salzen und
das Gemüse 2 Min. braten. Aus der Pfanne
nehmen. Wieder 2 EL Öl erhitzen, Knoblauch hineingeben, dann das Fleisch. Wenn
das Fleisch sich verfärbt, wieder das Gemüse hineingeben, dann Sojasoße und
Zucker. Durchmischen und 1 Min. braten.

Protein 80 g, Fett 10 g, Kohlenhydrate 20 g.
Kalorien 505 / Joule 2110.
Vorbereitungszeit: 5 Min.
Zubereitungszeit: 5 Min.

Rindfleisch Kanton
Kwang Tschou Niu Ro
廣州牛肉

Bei der kantonesischen Zubereitungsart ist zartes, gut abgehangenes Fleisch unerläßlich. Und nehmen Sie hauptsächlich die Selleriestiele.

400 g sehr mageres Rindfleisch,
2–3 schwarze Pilze, Öl zum Braten,
1 Knoblauchzehe, fein gehackt,
1 TL frischer Ingwer, fein gehackt,
1 Zwiebel, in Viertelschalen geschnitten,
1/2 Tasse Stangensellerie, mittelfein
geschnitten.
Salz, grüner Pfeffer.
Für die Soße:
3 EL dunkle Sojasoße,
1 EL Zucker,
2 EL Reiswein,
4 EL Wasser oder Brühe, Glutamat.

Fleisch in feine Streifen schneiden. Pilze ca. 15 Min. in Wasser einweichen, Stiele wegschneiden und die Kappen in Streifen schneiden.
Öl in der Pfanne erhitzen, Knoblauch und Ingwer anbraten. Fleisch zugeben und 2 Min. braten. Zwiebel, Sellerie und Pilze untermischen und 1 Min. weiterbraten. Salz und grünen Pfeffer zugeben. Die Soße einrühren und weitere 2 Min. dünsten. Abschmecken und anrichten.

Protein 95 g, Fett 15 g, Kohlenhydrate 50 g. Kalorien 735 / Joule 3080.
Vorbereitungszeit: 10 Min.
Zubereitungszeit: 5 Min.

Rindfleisch in Papier
Dschi Bao Niu Ro
紙包牛肉

Um Fleisch im eigenen Saft zu garen, kann man sich verschiedener Hilfsmittel bedienen. Das Fleisch in Lehm einhüllen und in heiße Asche legen; in große Blätter wickeln oder auf moderne Art in Metallfolie grillen. Hier haben Sie die alte chinesische Art. Nehmen Sie zartes Fleisch und falten Sie die Päckchen sorgfältig.

4 dünne Scheiben Rindfleisch.
Für die Marinade:
1 TL Sesamöl, 1 TL Reiswein,
1 EL helle Sojasoße,
Ingwerpulver, Salz.
Außerdem:
4 Stücke Pergamentpapier,
Öl zum Fritieren und Braten,
4 Streifen Lauch oder Schalotten,
1 Tasse Bambussprossen, in Scheiben
geschnitten, 3 EL Reiswein.

Rindfleisch in die Marinade legen und 20 Min. stehen lassen. Papier mit etwas Öl einstreichen. Darauf 1 Scheibe Fleisch und 1 Streifen Lauch geben und einschlagen (siehe Abbildungen).
Öl erhitzen und die Päckchen 10 Min. bei mittlerer Hitze fritieren. Das Öl soll nicht stark kochen. (Man kann die Päckchen auch etwa 25 Min. dämpfen.)
Öl in der Pfanne erhitzen und salzen. Die Bambussprossen darin 2 Min. braten. Reiswein darüberträufeln, vom Feuer nehmen und auf einer heißen Platte um die Papierpäckchen anrichten.

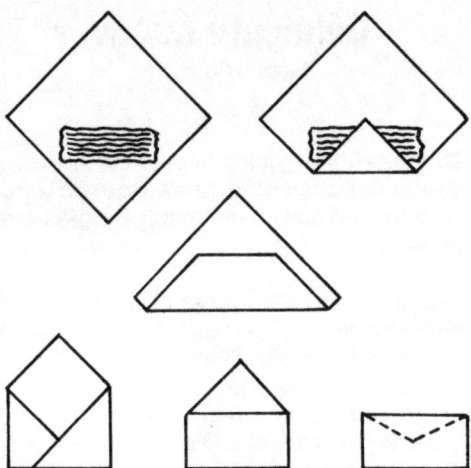

Protein 90 g, Fett 10 g, Kohlenhydrate 5 g.
Kalorien 480 / Joule 2010.
Vorbereitungszeit: 10 Min.
Zubereitungszeit: 12 Min.

Ochsenschwanz Nanking
Nang King Niu Wei
南京牛尾

Eine pikante Köstlichkeit, besonders die Soße. Achten Sie bei der verwendeten Sojasoße auf die Konzentration. Gleichen Sie, wenn nötig, durch Verdünnen mit mehr Brühe aus.

700–800 g Ochsenschwanz (große Stücke einmal längs gespalten), Salz, Pfeffer.
Für die Marinade:
2 EL dunkle Sojasoße,
3 Knoblauchzehen, grob gehackt,
2 Zwiebeln, geviertelt.

Für die Soße:
1/2 Tasse Sojasoße,
3/4 Tasse Fleischbrühe,
2 EL Reisschnaps,
2 Knoblauchzehen,
3 Sternanis,
4 Scheiben frischer Ingwer, gehackt,
15 Pfefferkörner,
1 Schuß Chilisoße, Glutamat.
Außerdem:
Öl zum Braten,
1 Stange Lauch, in Diagonalscheiben geschnitten,
1 Paprikaschote, in Streifen geschnitten,
1 Gewürzgurke, in Stückchen geschnitten,
1 TL Maisstärke, mit Wasser angerührt,
1–2 TL grüner Pfeffer.

Fleischstücke salzen und pfeffern, in der Marinade 1 Std. einlegen, ab und zu wenden.
Die Soßenzutaten mischen. Öl in einem Topf erhitzen, und das Fleisch anbraten, bis es braun ist. Die Soße zugeben und ca. 1–2 Std. bei mittlerer Hitze kochen, bis das Fleisch weich ist und sich leicht vom Knochen löst.
Fleisch herausnehmen und die Soße durchpassieren. Öl in der Pfanne erhitzen, und das Gemüse 1 Min. braten. Soße zugeben, mit der Stärke binden und aufkochen lassen. Das Ganze über das Fleisch geben. Den grünen Pfeffer darüberstreuen und servieren.

Protein 80 g, Fett 50 g, Kohlenhydrate 120 g.
Kalorien 1285 / Joule 5380.
Vorbereitungszeit: 5 Min.
Zubereitungszeit: 2 Std.

Kalbswürfel mit Ananas
Bo Lo Niu Ro

波蘿牛肉

Kalbfleisch war in China eine Rarität. Man bekam es nur, wenn ein verunglücktes Kalb geschlachtet werden mußte. Mit den Zutaten tendiert man ein bißchen in Richtung Geflügelfleisch.

400 g Kalbfleisch.
Für die Marinade:
1 EL helle Sojasoße, 3 EL Reiswein,
1 TL Maisstärke, Glutamat, Salz.
Für die Soße:
4 EL Ananassaft,
Saft einer Zitrone,
1/2 Tasse Ananaswürfel,
2 EL Reiswein.
Außerdem:
Öl zum Braten,
2 rote Paprika, in Streifen geschnitten,
1 Tasse Bohnensprossen,
1–2 TL Maisstärke, mit Wasser angerührt.

Kalbfleisch in Würfel schneiden. Marinadenzutaten mischen. Fleisch einlegen und 1/2 Std. stehen lassen.
Zutaten für die Soße mischen. Öl erhitzen und die Fleischwürfel 3 Min. braten. Paprika und Bohnensprossen zugeben und weitere 2 Min. braten. Mit der Soße ablöschen und wieder zum Kochen bringen. Mit Maisstärke binden und anrichten.

Protein 65 g, Fett 20 g, Kohlenhydrate 30 g.
Kalorien 575 / Joule 2405.
Vorbereitungszeit: 10 Min.
Zubereitungszeit: 6 Min.

Gekochte Zunge
Dschu Niu Sche

煮牛舌

Zunge gehört in China heute noch nicht zu den alltäglichen Gerichten. Deshalb wird sie auch mit ganz besonderer Sorgfalt zubereitet.

1 Kalbszunge (500–700 g), Salzwasser.
Für die Soße:
1/4 Tasse Reiswein,
1 EL dunkle Sojasoße,
3/4 Tasse Fleischbrühe,
1 Sternanis, 1 Stück Zimt,
1 EL Essig, 1 TL Zucker,
1 TL Setschuanpfeffer,
1 TL Sesamöl.
Außerdem:
Öl zum Braten,
1 Knoblauchzehe,
5 Scheiben frischer Ingwer,
1 EL Maisstärke, mit Wasser angerührt.

Zunge 5 Min. im Salzwasser kochen. Herausnehmen. An der Unterseite die Haut längs bis zur Spitze durchschneiden.
Zutaten für die Soße mischen. Öl in der Pfanne erhitzen, Knoblauch und Ingwer kurz anbraten, Zunge mit der Unterseite nach unten in die Pfanne legen.
Die Soße zugeben, nach dem Aufkochen Hitze reduzieren und bei kleiner Flamme zugedeckt 1 1/2 Std. köcheln.
Zunge herausnehmen und die Haut abziehen. Noch 10 Min. in der Soße weiterkochen. Herausnehmen, in dünne Scheiben schneiden und auf einer heißen Platte anrichten.

Die Soße durchsieben und wieder in die Pfanne geben. Maisstärke einrühren, Soße aufkochen lassen und nach dem Eindicken über die Zunge geben.

Protein 75 g, Fett 45 g, Kohlenhydrate 20 g. Kalorien 810 / Joule 3390.
Vorbereitungszeit: 5 Min.
Zubereitungszeit: 1³/₄ Std.

Leber Kanton
Kwang Tschou Gan

廣州肝

Die wörtliche Übersetzung des chinesischen Ausdrucks bedeutet »Leberüberraschung«. Probieren Sie das Gericht, dann werden Sie den chinesischen Namen treffend finden.

500 g Rindsleber.
Für die Marinade:
1 EL Reiswein,
2 TL frischer Ingwer, gerieben,
1 kleine Frühlingszwiebel, mit dem Grün fein gehackt,
1 Knoblauchzehe, fein gehackt,
5-Gewürz-Pulver, Salz, Glutamat.
Für die Soße:
2 EL Reiswein,
1 EL dunkle Sojasoße, 2 TL Zucker,
1 TL Sesamöl, Glutamat.
Außerdem:
Maisstärke, Öl zum Fritieren.

Leber in 6–8 cm lange Streifen schneiden. Haut wegschneiden. Die Schnitzel in einer Schüssel mit kochendem Wasser übergießen und 5 Min. stehen lassen. Wasser abschütten und abtropfen lassen. Marinadenzutaten verrühren und mit der Leber gut vermischen. 15 Min. stehen lassen. Zutaten für die Soße mischen. Öl erhitzen, die Leber in Maisstärke wälzen, damit alle Stückchen ringsum bedeckt sind. In das Öl geben und 2 Min. fritieren. Herausnehmen und abtropfen lassen. Die Soße in einer Pfanne erhitzen und die Leber untermischen. Anrichten und garnieren.

Protein 75 g, Fett 25 g, Kohlenhydrate 40 g. Kalorien 700 / Joule 2930.
Vorbereitungszeit: 10 Min.
Zubereitungszeit: 3 Min.

Kutteln mit Koriander
Niu Du

牛肚

Eine Zubereitungsart, die auch in China nicht gerade alltäglich ist. Man kann dieses Gericht wegen seines besonderen Geschmacks als außergewöhnlich betrachten.

400 g Kutteln,
1 EL dunkle Sojasoße,
1 TL frischer Ingwer, gerieben, Salz,
4–5 schwarze Pilze,
5 EL Brühe, 2 EL Reiswein,
Salz, Glutamat, Öl zum Braten,
1 Knoblauchzehe, fein gehackt,
2 rote Pfefferschoten, in feine Streifen geschnitten,
1¹/₂ Tassen Koriandergrün, grob bis fein geschnitten.

Die Kutteln gründlich waschen und in handgroße Stücke schneiden. Zusammen mit der Sojasoße, dem Ingwer und etwas Salz in einen Topf geben und 30—45 Min. dämpfen, bis sie weich sind.

Pilze ca. 15 Min. in Wasser einweichen, danach die Kappen in dünne Streifen schneiden. Für die Soße Brühe, Reiswein, Salz und Glutamat mischen. Die Kutteln aus dem Dämpfer nehmen und in dünne Streifen schneiden. Die Brühe, die sich in der Schüssel gesammelt hat, zur Soße geben.

Öl in der Pfanne erhitzen, Knoblauch anbraten, dann die Kutteln, Pilze und Pfefferschoten zugeben und $1/2$ Min. braten. Soße zugeben, durchmischen und noch etwa 1 Min. braten, bis die Soße beinahe verdampft ist. Am Schluß Koriandergrün untermischen. Kutteln anrichten.

Protein 85 g, Fett 20 g, Kohlenhydrate 20 g. Kalorien 615 / Joule 2575.
Vorbereitungszeit: 10 Min.
Zubereitungszeit: 45 Min.

Gebratene Nieren
Tzao Sen

炒腎

(Zum Foto auf Seite 84)

Eine Schanghaier Delikatesse für Liebhaber dieser Art Innereien.

3 Schweinenieren, 1 EL Salz,
1 Tasse Bambussprossen, in dünne Streifen geschnitten,
1 Tasse Gemüse der Saison,
entsprechend zerkleinert,
einige getrocknete Baumohren oder Wolkenohren,
Öl zum Braten, Salz,
2 Knoblauchzehen, zerdrückt,
1 Frühlingszwiebel, fein gehackt.
Für die Soße:
3 EL helle Sojasoße, 2 EL Reiswein,
1 TL Zucker, 1 TL Maisstärke,
$1/2$ TL Sesamöl,
Salz, Pfeffer, Glutamat.

Pilze ca. 15 Min. in Wasser einweichen, danach grob schneiden. Die Nieren längs halbieren. Adern, Häute und Fett wegschneiden. Die äußere Oberfläche ganz wenig kreuzweise einschneiden. Die Nieren salzen und nach 5 Min. mit Wasser abspülen und ausdrücken. Dann quer in Scheiben schneiden und in einem Sieb ca. 20 Sek. in kochendes Wasser halten. Herausnehmen und abtropfen lassen.

Die Zutaten für die Soße mischen. Öl in der Pfanne erhitzen, salzen, die Bambussprossen, Gemüse und Pilze 1 Min. braten und beiseite stellen. Wieder etwas Öl in der Pfanne erhitzen, die Knoblauchzehen herumreiben und aus der Pfanne nehmen. Die Nieren in die Pfanne geben und $1/2$ Min. braten. Soße untermischen und eine weitere halbe Min. braten. Gemüse, Bambussprossen und Pilze wieder zu den Nieren in die Pfanne geben, alles gut durchmischen und anrichten. Mit den gehackten Frühlingszwiebeln bestreuen.

Protein 65 g, Fett 30 g, Kohlenhydrate 30 g. Kalorien 670 / Joule 2800.
Vorbereitungszeit: 15 Min.
Zubereitungszeit: 3 Min.

Lammfleisch rotgekocht

Hung Schao Jiang Ro

红烧羊肉

Ich halte das europäische Lamm- und Hammelfleisch für die chinesisch-mongolische Zubereitungsart für nicht sehr geeignet. Es ist im allgemeinen zu fett. Der Vollständigkeit halber ein Rezept aus dem Norden, falls Sie doch mal ein mageres Stück bekommen. Es ist kein Fehler, wenn Sie dem Gericht durch Zugabe von Setschuanpfeffer zusätzliche Würze geben.

400 g mageres Lammfleisch (Keule),
5-Gewürz-Pulver,
Sesamöl.
Für die Soße:
3 Knoblauchzehen, fein gehackt,
1/4 Tasse dunkle Sojasoße,
1/4 Tasse Reiswein,
1 Würfel fermentierter Bohnenquark,
zerdrückt,
1 TL brauner Zucker,
1 TL Sesampaste, Salz, Glutamat.
Außerdem:
Öl zum Braten,
3–4 Stückchen frischer Ingwer.

Das Lammfleisch mit dem Gewürzpulver und Sesamöl einreiben und 10 Min. einwirken lassen.
Zutaten für die Soße mischen. Öl in der Pfanne erhitzen. Die Ingwerstücke 1/2 Min. darin braten und wieder herausnehmen. Lammfleisch hineingeben und ringsum ca. 2 Min. anbraten. Hitze reduzieren, mit der Soße ablöschen und zugedeckt ca. 40 Min. bei schwacher Hitze köcheln.

Von der Soße das Fett abschöpfen. Fleisch in mundgerechte Stücke schneiden und mit der Soße anrichten. Heiß servieren.

Protein 75 g, Fett 60 g, Kohlenhydrate 45 g. Kalorien 1050 / Joule 4395.
Vorbereitungszeit: 5 Min.
Zubereitungszeit: 45 Min.

Kaninchen rotgekocht

Hung Schao Tu

红烧兔

500 g Kaninchenfleisch,
Sesamöl,
Öl zum Braten, Salz,
3 Knoblauchzehen, grob geschnitten.
Für den Sud:
1 Tasse Fleischbrühe,
1/4 Tasse dunkle Sojasoße,
5 EL Reiswein,
1 TL brauner Zucker,
2 EL Essig,
1 Sternanis,
3 Scheiben frischer Ingwer,
1 TL Setschuanpfeffer,
5 ganze Nelken,
2 Frühlingszwiebeln oder 2–3 Blätter
Lauch.
Außerdem:
1 EL Maisstärke, mit Wasser angerührt,
Salz, Glutamat.

Die Fleischstücke mit Sesamöl einreiben und 2–3 Std. stehen lassen.
Öl in der Pfanne erhitzen, salzen. Knoblauch anbraten und die Fleischstücke ringsum braun braten. Aus der Pfanne neh-

men. Die Zutaten für den Sud mischen und in einem Topf zum Kochen bringen.
In den kochenden Sud das Fleisch legen und 1 Std. bei kleiner Flamme zugedeckt kochen. Herausnehmen, in mundgerechte Stücke schneiden und anrichten.
Den Sud durchsieben und wieder in den Topf geben. Mit der Maisstärke binden, würzen und über das Fleisch geben.

Protein 90 g, Fett 30 g, Kohlenhydrate 40 g.
Kalorien 810 / Joule 3390.
Vorbereitungszeit: 10 Min.
Zubereitungszeit: 1¹/₂ Std.

Chinesisches Fondue
Fuh Wuh

火鍋

Ein Fondue ist auch in China ein sehr beliebtes und unterhaltsames Party-Essen. Es wird im Feuertopf zubereitet und am Schluß des Menüs verzehrt. Natürlich eignet sich auch ein Fonduetopf. Als Besteck hat man in China außer den Stäbchen kleine Siebe mit langen Stielen, mit denen jeder sein Fleisch oder Gemüse in die kochende Brühe hält. Mit Gabeln ist es unter Umständen etwas schwierig, da die Fleischstreifen sehr dünn sind und das Fischfleisch leicht zerbricht.

250 g Rindsfilet, 250 g Schweinefilet,
250 g Hühnerbrust,
250 g Garnelen oder Krabben,
250 g Fischfilet, einige Blätter Chinakohl,
1 Bund Spinatblätter, 1 Stange Lauch,
1 kleiner Blumenkohl,

1 Tasse Bambussprossen, in feine Streifen geschnitten,
6 Tassen Hühnerbrühe, 6 Eier,
Gewürz nach Belieben.
Soßen zum Dippen:
Sojasoße, süß-saure Soße,
Tomatensoße, Currysoße,
Chilisoße, Ingwersoße.

Das Fleisch in feine Streifen schneiden (am besten in halbgefrorenem Zustand). Gemüse in mundgerechte Stücke schneiden. Garnelen säubern und das Fleisch aus der Schale nehmen.
Alle Zutaten auf einer Platte anrichten oder getrennt für jeden auf Tellern. Jede Person bekommt außerdem Schälchen mit den Soßen zum Dippen und eine Reisschale mit einem zerquirlten Ei, das nach Belieben gewürzt wird.
Die Brühe in dem Fonduetopf zum Kochen bringen und auf einem Rechaud am Kochen halten. Nun werden die Fleischstückchen in das zerquirlte Ei getaucht und dann in die kochende Brühe gehalten, bis sie gerade durch sind. Man dippt sie nach Belieben abwechselnd in die verschiedenen Soßen.
Zuerst wird das Fleisch gekocht, zwischendurch oder meist am Schluß wird das Gemüse verzehrt.
Restliches Gemüse wird kurz in dem Topf gekocht, dann schöpft man die Brühe in die Tassen zu dem restlichen Ei, würzt mit den Soßen nach Belieben und verzehrt sie als Suppe. Die Zutaten reichen als letzter Gang eines Menüs für 6 bis 8 Personen.

Protein 250 g, Fett 35 g, Kohlenhydrate 25 g.
Kalorien 1450 / Joule 6070.

Eiergerichte

Das Ei repräsentiert in China das Yin und das Yang, das Negative und das Positive des Uranfangs. Dargestellt wird dieser Tai Gi, der Uranfang, durch den Kreis mit dem schwarzweißen Fischblasenmuster. Dieses Yin und Yang des Tai Gi spielt im Gedankenleben und der Philosophie des alten China eine bedeutende Rolle. Beim Ei bedeutet nun das Eiweiß das Yang, das Positive, Männliche, der Himmel, die Sonne, das Licht, die Lebenskraft. Das Eigelb ist das Yin, das Negative, Weibliche, die Erde, der Mond, die Finsternis.

Mit Eiern weiß der Chinese eine Menge Gerichte zuzubereiten. Bemerkenswert sind mit Eiern kombinierte Gerichte, die Ihren Küchenzettel auf interessante Art bereichern. Außerdem sind Eierspeisen meist sehr schnell zubereitet, können Ihnen also leicht aus einer Verlegenheit helfen, wenn unerwartet ein Esser mehr zu Tisch erscheint.

Auf Rezepte für die Zubereitung sogenannter Tausendjähriger oder Fauler Eier wird bewußt verzichtet, da der Prozeß doch etwas umständlich ist und vor allem sehr lange dauert. Man kann die Eier ohnehin hier schon kaufen. Das Prinzip soll nur kurz erläutert werden, um die etwas irreführende Bezeichnung klarzustellen:

Die Eier werden mit einer Mischung aus Holzasche, Lehm und Salz eingehüllt und 100 Tage vergraben. Andere Methoden erfordern nur 14 Tage, wieder andere 1 Jahr.

Im Ei erfolgt ein chemischer Umwandlungsprozeß. Das Eiweiß wird geleeartig und fest, außen schwarz, innen bräunlich, der Dotter wird grün.

Sie werden roh mit Gewürzen oder Pasten gegessen und dienen auch zur Garnierung und zur Zubereitung von Soßen.

Die in chinesischen Läden und auf Märkten massenhaft angebotenen gesalzenen Enteneier kann man etwa mit den hier bekannten Soleiern vergleichen.

Eier mit Sojasosse

Tziang Jo Dan

醬油蛋

6 Eier,
1/2 Tasse Brühe,
3 EL dunkle Sojasoße,
1 EL Reiswein,
1 kleines Stück kandierter Ingwer,
4 Sternanis,
1 Chilischote (oder entsprechende Chilisoße),
Salz, Glutamat, Maisstärke.

Die Eier hart kochen, abschrecken und schälen. Die übrigen Zutaten außer Maisstärke mischen. Die geschälten Eier darin 10 Min. kochen.
Eier herausnehmen. Die Brühe durchsieben und wieder in den Topf geben. Mit Maisstärke etwas binden.
Die Eier vierteln, und die Soße darübergießen. Das Gericht kann warm oder kalt gereicht werden.

Protein 45 g, Fett 35 g, Kohlenhydrate 20 g.
Kalorien 590 / Joule 2470.
Vorbereitungszeit: 5 Min.
Zubereitungszeit: 12 Min.

Sehr bekömmlich und wohlschmeckend sind die beiden folgenden Gerichte. Man könnte sie vielleicht als Auflauf bezeichnen. Sie werden gedämpft und mit dem Löffel gegessen. Achten Sie beim Dämpfen darauf, daß nicht zuviel Kondenswasser in die Schüssel tropft.

Gedämpftes Ei mit Leber
Dschang Gan Dan
蒸肝蛋

4 chinesische Pilze (oder Champignons, grob gehackt),
Öl zum Braten,
150 g Leber, geschnitzelt,
1 EL Sojasoße,
Salz, Pfeffer, Glutamat,
5 Eier,
1 Tasse Hühnerbrühe,
1 EL Stärke, Salz, Petersilie.

Pilze ca. 15 Min. in Wasser einweichen, danach in dünne Streifen schneiden. Öl erhitzen, die Pilze und die Leber darin 1/2 Min. braten. Sojasoße darüberträufeln, würzen und vom Feuer nehmen.
Eier verquirlen, Brühe und Stärke langsam unterrühren, so daß es eine gleichmäßig sämige Mischung gibt. Salzen, dann die gebratene Leber mit den Pilzen dazugeben und gut durchmischen.
Das Ganze in eine Schüssel geben und bei starker Hitze dämpfen, bis der Brei weißlich erscheint. Die Hitze reduzieren, daß es gerade noch dampft. Dämpfzeit insgesamt 20–25 Min. Mit Petersilie bestreut in der Schüssel servieren.

Protein 65 g, Fett 40 g, Kohlenhydrate 10 g.
Kalorien 680 / Joule 2845.
Vorbereitungszeit: 10 Min.
Zubereitungszeit: 30 Min.

Gedämpftes Ei mit Fisch
Yü Dschang Dan
魚蒸蛋

200 g Fischfilet,
Saft einer Zitrone,
1 TL frischer Ingwer, gerieben,
1 EL Reiswein, 5 Eier,
1 Tasse Hühnerbrühe,
1 EL Maisstärke,
1 EL Sojasoße,
Salz, Glutamat.

Fisch in kleine Stücke schneiden, mit der Zitrone, dem Ingwer und dem Reiswein mischen. 15 Min. stehen lassen.

Eier, Hühnerbrühe und Maisstärke verquirlen und würzen. Den Fisch unterrühren und in eine Schüssel geben.
Dämpfen, bis die Oberfläche weißlich erscheint, dann bei reduzierter Hitze 20–25 Min. weiterdämpfen. In der Schüssel servieren.

Protein 70 g, Fett 35 g, Kohlenhydrate –.
Kalorien 610 / Joule 2550.
Vorbereitungszeit: 10 Min.
Zubereitungszeit: 30 Min.

Chinesisches Omelett
Dschung Guo Dan Pi Dschüen

中國蛋皮捲

Wenn unerwartet ein Gast mehr kommt als erwartet, können Sie das Menü mit diesem Gericht erweitern. Gegenüber einem normalen Omelett macht es durchaus nicht den Eindruck der Improvisation.

1/2 Tasse Krabben aus der Dose,
1 TL frisch geriebener Ingwer,
1 EL Reiswein,
1 EL Sojasoße,
6 Eier,
1/2 Tasse grüne Erbsen,
1 Bund Koriandergrün, gehackt,
1 Frühlingszwiebel, gehackt,
Salz, Pfeffer, Glutamat,
Öl zum Braten.

Die Krabben mit dem Ingwer, Reiswein und der Sojasoße mischen und 10 Min. stehen lassen.
Die Eier verquirlen, mit den Krabben, den

Erbsen, dem Koriandergrün und der Frühlingszwiebel gut vermischen. Nach Belieben würzen.
Öl in der Pfanne erhitzen. Portionsweise die Omeletts beidseitig goldbraun backen. Die Fladen einmal falten und mit ein wenig Tomatensoße oder Ketchup anrichten.

Protein 50 g, Fett 35 g, Kohlenhydrate 10 g.
Kalorien 570 / Joule 2385.
Vorbereitungszeit: 10 Min.
Zubereitungszeit: 5 Min.

Eier Fu Yung mit Krabben
Fu Jung Dan Sie

芙蓉蛋蟹

Wie fast alle Eiergerichte in Minuten zubereitet. Beginnen Sie mit dem Braten, wenn sich Ihre Gäste an den Tisch setzen, denn solche Eiergerichte müssen frisch und heiß serviert werden. Das Gericht stammt aus dem Südosten.

6 Eigelb,
1 EL helle Sojasoße,
6 Eiweiß,
2 EL Reiswein,
1 EL Mehl,
Glutamat, Salz,
Öl zum Braten,
150 g Krabben aus der Dose,
1 EL gehacktes Koriandergrün.

Getrennt Eigelb mit der Sojasoße, Eiweiß mit dem Wein und dem Mehl mischen, würzen und schlagen.
Öl in der Pfanne erhitzen. Die mit den Ei-

gelb vermischten Krabben braten, bis das Eigelb fest ist. Auf eine Platte geben.
In der gleichen Pfanne wieder etwas Öl erhitzen. Die Eiweißmischung braten, bis sie fest ist. Um die Krabben auf der Platte anrichten und mit Koriandergrün bestreuen.

Protein 70 g, Fett 40 g, Kohlenhydrate 15 g.
Kalorien 720 / Joule 3010.
Vorbereitungszeit: 5 Min.
Zubereitungszeit: 3 Min.

Rührei mit Pilzen
Siang Go Dan
香菇蛋

Diese Eier-Pilz-Mischung stammt aus dem Norden, der Pekingküche.

4–6 schwarze Pilze,
1/2 Tasse Champignons oder
Wolkenohren,
5 Eier,
1 EL dunkle Sojasoße, Öl zum Braten,
1 Knoblauchzehe, fein gehackt,
1/2 TL frischer Ingwer, fein gehackt,
1/2 Tasse Bohnensprossen,
Salz, Pfeffer.

Die schwarzen Pilze ca. 15 Min. in Wasser einweichen, 3 EL der Pilzbrühe wegnehmen. Pilze in Scheiben schneiden. Eier verquirlen, die 3 EL Pilzbrühe und die Sojasoße untermischen.
Öl in der Pfanne erhitzen, Knoblauch und Ingwer kurz anbraten. Die Pilze zugeben und 1 Min. braten, dann die Bohnensprossen zufügen. Eine weitere Min. braten,

dann die Eier einrühren. Braten, bis die Eier fest sind. Abschmecken und anrichten.

Protein 40 g, Fett 30 g, Kohlenhydrate 15 g.
Kalorien 505 / Joule 2115.
Vorbereitungszeit: 5 Min.
Zubereitungszeit: 3 Min.

Spiegelei mit Sojasosse
Ho Bao Dan
荷包蛋

Es ist eines jener vielseitig verwendbaren Schnellgerichte: Vorspeise, Teil des Menüs, Imbiß oder Frühstück.

6 Eier.
Für die Soße:
3 EL dunkle Sojasoße,
1/3 Tasse Brühe,
1 TL Zucker,
Pfeffer, Salz,
Glutamat.
Außerdem:
1 TL Maisstärke, mit Wasser angerührt.

Eier als Spiegeleier einzeln backen, einmal falten und aus der Pfanne nehmen.
In derselben Pfanne die Soßenzutaten zum Kochen bringen und darin die gefalteten Eier 1 Min. dünsten. Eier aus der Soße nehmen und auf einer Platte oder einzeln anrichten. Die Soße mit der Stärke binden und über die Eier gießen.

Protein 45 g, Fett 35 g, Kohlenhydrate 10 g.
Kalorien 550 / Joule 2305.
Zubereitungszeit: 3 Min.

Reisgerichte

Reis ist das Grundnahrungsmittel, das Brot Ostasiens.

Was für uns, auch im übertragenen Sinn, das tägliche Brot, ist für den Asiaten die »Hand voll Reis«. Wir haben die Höflichkeitsfloskel: »Haben Sie schon gespeist?«, der Chinese fragt: »Haben Sie schon Ihren Reis gegessen?«

In der chinesischen Mythologie spielt der Reis eine maßgebende Rolle. Es gibt in ganz Südostasien Reisgötter, und dem Reis wird mit Ehrfurcht begegnet.

Es gibt bekanntlich verschiedene Reissorten und dementsprechend auch verschiedene Zubereitungsmethoden. Als Beilage eignet sich am besten Kurz- oder Rundkornreis. 1 Tasse roher Rundkornreis ergibt 2¹/₂ Tassen gekochten Reis.

1 Tasse roher Langkornreis ergibt 3 Tassen gekochten Reis.

Langkornreis nimmt fast die doppelte Menge Wasser auf. Der süße Reis (Milchreis) wird nur als Füllung für Geflügel oder Teigtaschen oder zur Zubereitung von Süßspeisen verwendet.

Reis als Beilage für chinesische Gerichte darf weder breiig noch zu trocken, sondern soll flockig, leicht körnig und aneinander haftend sein. Man muß ihn leicht in kleinen Flocken mit den Stäbchen essen können. Wenn er gekocht »rieselt«, dürfte dies wohl sehr mühsam sein.

Reis wird in Asien auch zu Reismehl verarbeitet, das u.a. auch zur Herstellung von Reisnudeln verwendet wird. Reiswein ist nicht nur eine wichtige Würze, sondern auch ein beliebtes Tafelgetränk. Viele finden ihn nicht gerade nach unserem Geschmack, aber probieren Sie mal zum Essen einen dunklen, balinesischen Reiswein, zu dessen Herstellung dort ein schwarzer Reis angebaut wird.

Neuerdings werden in China aus Reis besondere Tafelweine mit Frucht- oder Kräuterzusätzen hergestellt.

Gekochter Reis
Bai Fan
白饭

Reis im Sieb gründlich waschen, bis das Wasser abläuft. Für 1 Tasse Reis 1¹/₂ Tassen Wasser nehmen. Reis kalt aufsetzen und zum Kochen bringen. Dann zugedeckt bei kleiner Flamme etwa 20 Min. ziehen lassen.

Wenn das Wasser aufgesaugt ist, bilden sich an der Oberfläche kleine Krater. Unter keinen Umständen rühren oder wenden! Wenn man statt Wasser Hühner- oder Fleischbrühe nimmt, bekommt der Reis einen besonderen Geschmack. Reis wird als Beigericht immer ohne Salz gekocht.

Gekochter Reis ist im Kühlschrank einige Tage haltbar. Zum Aufwärmen hängt man ihn in ein Sieb in einen Topf über kochendes Wasser, so daß er durch den durchströmenden Dampf erhitzt wird.

Gedämpfter Reis auf Hunanart
Hunan Tschang Fan

油南蒸饭

Man verwendet Langkornreis, spült ihn gut durch und schüttet ihn in einen Topf. Auf 1 Tasse Reis gibt man 2¹/₂ Tassen Wasser und bringt ihn zum Kochen.
Nach 5 Minuten vom Feuer nehmen und das Wasser abgießen. (In China trinkt man dieses heiße Wasser als Beruhigungsgetränk.) Nun gibt man den Reis in einen Dämpfer oder im Sieb in einen Kochtopf mit Wasser und dämpft ihn zugedeckt etwa 30 Min.

Gedämpfter Reis auf Kantonart
Kwang Tschou Tschiang Fan

广州蒸饭

Auf eine Tasse Reis gibt man bei Verwendung von Rundkornreis 1 Tasse Wasser, bei Langkornreis 1¹/₄ Tassen Wasser. Den Reis gut spülen und mit dem Wasser in eine hitzebeständige Schüssel geben und ¹/₂ Stunde quellen lassen. Die Schüssel mit dem Reis und dem Wasser in einen größeren Topf mit Wasser stellen und 30 Min. dämpfen.
Man serviert ihn in derselben Schüssel, in der er gedämpft wurde, nachdem man ihn mit den Stäbchen oder einem Löffel aufgelockert hat. In Südchina dämpft man so den Reis portionsweise in Reisschalen.

Reiskuchen
Guo Ba

火锅巴

Es wäre interessant zu wissen, wie dieses Rezept entstanden ist. Ich bin überzeugt, irgend jemand hat vor vielen Jahren einmal vergessen, seinen Reis rechtzeitig vom Feuer zu nehmen. Er war dann sicher angenehm überrascht, als er merkte, wie gut der übergare, knusprige Reis am Rand und Boden des Kochtopfes schmeckte.

2 Tassen Reis, 3 Tassen Wasser.

Reis waschen, mit dem Wasser aufsetzen und 10 Min. unbedeckt kochen. Bei kleiner Hitze zugedeckt weitere 20 Min. kochen (kein Salz zugeben!).
Mit einem Löffel den Reis vorsichtig aus der Mitte herausnehmen, so daß seitlich und am Boden ein Rand von 1¹/₂ bis 2 cm bleibt. Der Reisrand muß stehen bleiben. Deshalb ist es zweckmäßig, keinen zu tiefen Topf zu nehmen.
Der herausgenommene Reis kann für andere Gerichte verwendet werden.
Den Topf mit dem Reisboden und -rand wieder aufs Feuer setzen und bei kleiner Hitze unbedeckt noch etwa 30 Min. backen, bis sich der Rand vom Topf löst. Den ganzen Reishut vorsichtig herausstürzen und abkühlen lassen. Die Kruste soll schön braun sein. In einem luftdichten Behälter hält sich der Reiskuchen mehrere Wochen.

Protein 30 g, Fett 10 g, Kohlenhydrate 340 g.
Kalorien 1610 / Joule 6735.
Zubereitungszeit: 70 Min.

Reiskuchen mit Garnelen und Hühnerbrust

Guo Ba Sia Ren

火鍋巴虫段仁

Aus dem vermutlichen Zufallsprodukt »Reiskuchen« haben chinesische Köche eine ganze Reihe von Gerichten entwickelt, von denen das nachfolgende sicher zu den besten zählt.

150 g Garnelen oder Krabben (roh),
150 g Hühnerbrust,
2 EL Maisstärke,
1 Eiweiß,
4–6 schwarze Pilze,
Öl zum Braten und Fritieren,
1 Knoblauchzehe, fein gehackt,
1 Tasse Bambussprossen, in dünne Scheiben geschnitten,
2 Schalotten, fein geschnitten,
5 EL Tomatenmark,
1 EL Zucker,
Salz, Glutamat,
1 Tasse Hühnerbrühe,
1 TL Maisstärke, mit wenig Wasser angerührt,
Reiskuchenstücke für 4 Personen.

Garnelen säubern und längs halbieren (Krabben ganz lassen). Hühnerfleisch in möglichst dünne Streifen schneiden. Garnelen und Hühnerfleisch getrennt mit je 1 TL Stärke und 1/2 Eiweiß vermischen und 30 Min. kalt stellen.
Pilze ca. 15 Min. in Wasser einweichen, dann in Stücke schneiden. Öl zum Fritieren erhitzen. Hühnerfleisch hineingeben, Topf vom Feuer nehmen und rühren, damit die Streifen auseinandergehen. Fleischstücke herausnehmen und abtropfen lassen.
Wieder Öl erhitzen, Garnelen hineingeben, kurz fritieren, bis sie sich verfärben. Herausnehmen und abtropfen lassen. Etwas Öl in der Bratpfanne erhitzen und den Knoblauch andünsten. Schalotten, Pilze und Bambussprossen zugeben und 1 Min. braten. Tomatenmark, Zucker, Salz und Glutamat einrühren und kurz kochen.
Hühnerbrühe dazugießen. Wenn die Soße wieder kocht, Garnelen und Hühnerfleisch zugeben. Die Soße mit der Stärke eindikken, vom Feuer nehmen und warm stellen. Öl wieder zum Fritieren erhitzen und die Reiskuchenstücke goldbraun backen. Auf einer Platte anrichten und die Soße darübergießen.

Protein 65 g, Fett 20 g, Kohlenhydrate 120 g. Kalorien 945 / Joule 3955.
Vorbereitungszeit: 20 Min.
Zubereitungszeit: 7 Min.

Eine typisch chinesische Hausmannskost, die sich auch der Ärmste leisten kann, ist Reisbrei. Man kocht ihn in ganz China in unzähligen Variationen – mit Fisch oder Fleisch, mit Gemüsen, scharf oder mild, je nach Gegend und Geschmack.
Reisbrei ist kein Bestandteil eines chinesischen Menüs, sondern wird zum Frühstück gegessen oder als Zwischenmahlzeit. Wichtig sind die Gemüse-, Fleisch- und Gewürzbeilagen, die meistens getrennt serviert werden, damit jeder nach Herzenslust mischen kann.
Häufig werden zu Reisbrei noch ein gebakkenes oder fritiertes, gefülltes Nudelgericht

oder gefüllte, gedämpfte Brötchen gereicht. Das folgende Rezept entstammt der Kantonküche.

Reisbrei mit Fleischklösschen
Ro Wan Tzou

肉丸34弓

³/₄ Tasse Langkornreis,
1 l Wasser,
1 l Fleischbrühe,
1 TL Öl,
Salz.
Für die Fleischklößchen:
250 g Rindfleisch, fein gehackt,
1 Tasse Bambussprossen, fein gehackt,
1 Eiweiß,
1 EL Sojasoße,
2 EL Maisstärke,
Salz,
5-Gewürz-Pulver,
Glutamat.
Außerdem:
¹/₄ Tasse Schalotten,
¹/₂ Tasse Koriandergrün,
¹/₄ Tasse Lauch,
¹/₄ Tasse frischer Ingwer,
3 TL Sesamöl,
Pfeffer.

Reis waschen und mit dem Wasser und der Brühe zum Kochen bringen. Öl und Salz zugeben. Nicht rühren! Bei kleiner Hitze 2 Std. köcheln lassen.
Zutaten für die Fleischklößchen mischen und kleine Bällchen formen.

Die Klößchen in den fertigen Reisbrei geben und noch 15–20 Min. weiterköcheln. Schalotten, Koriander, Lauch und Ingwer fein hacken. Den Reisbrei in Tassen servieren und etwas Koriandergrün darüberstreuen. Schalotten, Lauch, Ingwer, Sesamöl und Pfeffer werden getrennt gereicht, damit sich jeder nach Belieben den Brei würzen kann.

Protein 75 g, Fett 25 g, Kohlenhydrate 145 g. Kalorien 695 / Joule 2905.
Vorbereitungszeit: 10 Min.
Zubereitungszeit: 2 Std.

Gebratener Gemüsereis
Tza Tzai Tzao Fan

杂隹菜炒食反

(Zum Foto auf Seite 108)

4 Eier, 1 EL Sojasoße,
Glutamat, Salz, Öl zum Braten,
¹/₂ Tasse grüne Erbsen,
2 EL Schalotten, fein gehackt,
50 g fein geschnittene Bambussprossen,
6–10 Champignons, fein gehackt,
50 g gehacktes, gekochtes Hühnerfleisch,
50 g Schinken, gehackt,
200 g kalter gekochter Reis.

Eier mit der Sojasoße, Salz und Glutamat verquirlen. Öl in der Pfanne erhitzen. Gemüse, Pilze, Fleisch und Schinken darin eine halbe Minute braten.
Den Reis zugeben und eine weitere halbe Minute braten. Die Eier darübergießen und alles gut durchmischen. Wenn die Eier fest

sind, vom Feuer nehmen und anrichten. Statt Hühnerfleisch und Schinken können Sie gewürfeltes Schweinefleisch nehmen und statt Erbsen und Schalotten getrocknetes oder frisches Obst – wie Sie es auf dem Foto sehen.

Protein 65 g, Fett 40 g, Kohlenhydrate 160 g.
Kalorien 1290 / Joule 5400.
Vorbereitungszeit: 5 Min.
Zubereitungszeit: 2 Min.

Gebratener Reis mit Krabben

Sia Ren Tzao Fan

虫段仁炒飯

2 Eier, 1 EL helle Sojasoße,
Salz, Glutamat, Öl zum Braten,
3 EL Frühlingszwiebeln, fein gehackt,
1/2 Tasse grüne Erbsen,
1 EL kandierter Ingwer, fein gehackt,
150 g Krabben aus der Dose,
250 g kalter gekochter Reis.

Eier mit Sojasoße, Salz und Glutamat verquirlen. Öl in der Pfanne erhitzen, das Gemüse mit dem Ingwer eine halbe Min. braten. Krabben zugeben, eine halbe Min. weiterbraten. Reis untermischen. Wenn er erhitzt ist, die Eier darübergießen. Alles gut durchmischen, vom Feuer nehmen und anrichten.
Man kann auch die Eier separat zu einem oder mehreren Omeletts backen und darauf die Reismischung anrichten. In diesem Fall benötigen Sie 4–6 Eier.

Protein 60 g, Fett 25 g, Kohlenhydrate 190 g.
Kalorien 1250 / Joule 3230.
Vorbereitungszeit: 2 Min.
Zubereitungszeit: 3 Min.

Reis in Hühnerbrühe

Tzi Tang Hoe Fan

乗鳥湯會飯

Bei diesem Gericht können Sie Hühnerteile verwenden, die bei anderen Geflügelgerichten übrig sind: Hals, Flügel, Rücken.

200 g Reis,
Öl zum Braten,
Salz,
2 Tassen Hühnerbrühe,
100 g Hühnerfleisch, in kleine Stücke geschnitten,
1 EL Frühlingszwiebeln, fein gehackt,
1/2 Tasse Champignons, grob gehackt,
Glutamat,
Pfeffer.

Reis waschen, 10 Min. wässern, dann gut abtropfen lassen. Öl in der Pfanne erhitzen, salzen und den Reis darin 1 Min. braten. Vom Feuer nehmen.
Hühnerbrühe erhitzen und das Fleisch 5 Min. kochen. Reis, Frühlingszwiebeln und Pilze zugeben und bei kleiner Hitze kochen, bis der Reis fast trocken ist. Abschmecken, garnieren und servieren.

Protein 35 g, Fett 10 g, Kohlenhydrate 150 g.
Kalorien 855 / Joule 3575.
Vorbereitungszeit: 5 Min.
Zubereitungszeit: 20 Min.

Nudeln und Teigwaren

Gerichte mit Nudeln sind typisch für die Küche des Nordens, während man im Süden dafür mehr Reis verwendet. Das hängt natürlich damit zusammen, daß nur in Mittel- und Nordchina Getreide angepflanzt wird und im Süden Reis.

In ganz China jedoch sind Nudeln (chinesisch: Mien) das Zeichen für langes Leben und dürfen daher bei keinem Geburtstagsessen fehlen. Der Spaß dabei ist, die Nudeln nicht zu schneiden oder zu brechen, sondern möglichst lang zu lassen. Versuchen Sie mal diese Eßakrobatik mit den Stäbchen.

Genau wie hier gibt es in China zahlreiche Arten und Formen von Teigwaren. Und genauso zahlreich sind auch die verschiedenen Gerichte, die der Chinese kennt. Das Kochen der Nudeln geschieht auf die auch hier übliche Art:

Salzwasser zum Kochen bringen, einen EL Öl zugeben, und die Nudeln je nach Dicke 5–10 Min. sprudelnd kochen. (Garzeiten auf den Packungen beachten.) Die Nudeln sollen noch ein bißchen kernig sein. (Wie die Spaghetti in Italien »ai denti«.)

Die Nudeln in ein Sieb gießen und mit kaltem Wasser gründlich abspülen, damit sie nicht zusammenkleben.

Sollten Sie chinesische Eiernudeln verwenden, die meist gebündelt verkauft werden, so ist es zweckmäßig, die Bündel erst 10 Min. in heißem Wasser einzuweichen. Sie lassen sich dann besser trennen und garen gleichmäßiger.

Interessant ist die Herstellung hausgemachter Nudeln in China. Sie werden nicht vom Brett »geschabt« oder aus der Schüssel geschnitten, sondern geschwungen. Dies geht so vor sich:

Aus dem zähen Teig wird eine lange Rolle geformt. Die Rolle wird an jedem Ende mit der Hand gehalten und durch Schwingen langgezogen, so weit die Arme reichen. Dann werden die beiden Enden wieder in die eine Hand genommen, das andere Ende der nun zwei um die Hälfte verkürzten Rollen in die andere Hand.

Und wieder wird geschwungen und gezogen. Und das wiederholt sich, bis aus der Rolle ein Bündel Fäden geworden ist. Die Rollen bzw. Fäden werden immer wieder mit Mehl bestäubt, damit sie nicht zusammenkleben.

Am Schluß werden nur noch die beiden Enden durchgeschnitten, und die Nudeln können getrocknet oder gleich gekocht werden.

Nudeln werden in China nicht als Beilage zu Fleisch gereicht, sondern sind Teil von kombinierten Gerichten. Diese »Tschou Mien« mit Gemüsen, Fleisch oder Fisch gibt es wie die »Chop Suy« in zahlreichen Variationen. Diese Gerichte werden auch häufig in den Garküchen als eine Art Eintopf von Leuten, die es eilig haben, zum Mittag gegessen.

Fadennudeln wie Glasnudeln und Vermicelli verwendet man auch häufig als Suppeneinlage.

Teig für Frühlingsrollen und gefüllte Pfannkuchen

Tzüen Dschiän Pi

春才卷皮

Es gibt für diese Hüllen verschiedene Zubereitungsmethoden. Für Frühlingsrollen: die Zubereitung aus flüssigem Teig, aus dem ein- oder zweiseitig gebackene Pfannkuchen gemacht werden. Oder aus festem Teig ausgerollte Fladen, die dann in rohem Zustand mit der Füllung fritiert werden.

Wichtig ist, daß die Hüllen so dünn wie möglich werden und zäh genug, damit sie beim Falten nicht brechen.

Man kann auch einen elastischen Teig machen, den man ausrollt und dann mit den Händen auseinanderzieht, bis er dünn genug ist.

Bei Eierrollen enthält der Teig für die Hüllen mehr Eier, ist also eher ein Eierpfannkuchen oder Omelett.

Beim Falten müssen die Ränder mit Mehlkleister bestrichen werden, damit es eine geschlossene zugeklebte Hülle gibt. So wird verhindert, daß beim Fritieren zuviel Öl in das Innere kommt. Sollte Ihnen das anfangs nicht gelingen, empfehle ich, die Rollen mit weniger Öl zu backen.

1. Methode

2 Tassen Mehl,
1 EL Maisstärke, 2 Eier,
2 Tassen Wasser, Salz.
Außerdem:
Öl zum Braten.

Aus den Zutaten einen flüssigen Teig rühren. 1/2 Stunde stehen lassen. Öl in einer Stielpfanne erhitzen. Teig hineingeben, mit dem Spatel so dünn wie möglich streichen und die Pfannkuchen bei mittlerer Hitze beidseitig backen, bis sie fest sind. (Nicht bräunen!)

Nehmen Sie beim Eingießen des Teiges immer die Pfanne vom Feuer, dann verläuft der Teig besser, da er nicht sofort fest wird. Die Pfannkuchen beiseite stellen und erkalten lassen.

Die angegebene Menge ergibt 8–10 Pfannkuchen.

2. Methode

4 EL Mehl,
4 Eier,
4 EL Wasser,
Salz, Glutamat,
Öl zum Braten.

Zutaten zu einem dünnen Teig mischen und Pfannkuchen backen. Die angegebene Menge ergibt ca. 6 Pfannkuchen.

3. Methode

2 Tassen Mehl,
3/4 Tasse warmes Wasser,
Salz.

Aus den Zutaten einen festen Teig kneten und 2 Std. mit einem feuchten Tuch bedeckt stehen lassen.

Aus dem Teig möglichst dünne Fladen ausrollen. Entweder rund mit ca. 12 cm Durchmesser oder quadratisch in entsprechender Größe.

4. Methode

2 Tassen Mehl,
3/4 Tassen Wasser, Salz,
Öl zum Braten.

Aus den Zutaten einen Teig anrühren und
gründlich durchkneten. Wenig Öl in der
Pfanne erhitzen oder besser nur die Pfanne
einfetten. Den Teig in die Hand nehmen
und damit ganz schnell in der Pfanne her-
umstreichen. Es entsteht ein dünner Belag,
den man sofort auf einen Teller stürzt, sobald er fest geworden ist. Das Festwerden
geschieht in Sekundenschnelle.
Dies wird wiederholt, bis der Teig bis auf einen kleinen Rest verbraucht ist. Die Methode erfordert einiges Geschick, und es
wird vielleicht das erste Mal nicht so richtig
funktionieren, aber wenn es dann mal
klappt, bekommen Sie auf diese Art die
dünnsten Hüllen für Frühlingsrollen.

Nudelteig für Teigtaschen, Won Tans und dergleichen
Won Tan Pi

聖吞皮

2 Tassen Mehl, 1 EL Maisstärke, 1 Ei,
2–3 EL Wasser, Salz.

Aus den Zutaten einen festen Teig rühren
und durchkneten. 1/2 Std. mit einem feuchten Tuch zugedeckt stehen lassen.
Dünn ausrollen und entsprechend dem jeweiligen Rezept teilen. Den Fladen bis zum
Gebrauch feucht halten.

Eiernudeln mit Hühnerfleisch
Zi Ro Mien

鷄肉麦弓

4 chinesische Pilze, 100 g Hühnerfleisch.
Für die Marinade:
1 EL helle Sojasoße, 1 EL Reiswein,
1 TL Maisstärke,
Salz, Pfeffer, Glutamat.
Für die Soße:
1/2 Tasse Hühnerbrühe, 1 EL Reiswein,
1 TL Maisstärke, Salz, Glutamat.
Außerdem: 1/2 Tasse Bambussprossen,
1 kleine Stange Lauch,
200 g Nudeln (Spaghetti-Art),
Öl zum Braten, 1 Knoblauchzehe.

Pilze 15 Min. einweichen. Hühnerfleisch in
feine Streifen schneiden, mit der Marinade
vermischen und 10 Min. stehen lassen. Soßenzutaten mischen. Die aufgeweichten
Pilze, Bambussprossen und den Lauch in
Streifen schneiden.
Nudeln kochen, abschrecken und mit Öl in
der Pfanne 2 Min. braten. Auf eine heiße
Platte geben und warm halten.
Öl in der Pfanne erhitzen, Knoblauch anbraten, Hühnerfleisch zugeben und 1 Min.
braten. Vom Feuer nehmen.
Wieder Öl erhitzen und das Gemüse 2 Min.
braten, Hühnerfleisch wieder zugeben. Mit
der Soße ablöschen. Anrichten.

Protein 40 g, Fett 20 g, Kohlenhydrate 155 g.
Kalorien 985 / Joule 4125.
Vorbereitungszeit: 10 Min.
Zubereitungszeit: 5 Min.

Nudeln mit Mischgemüse
Tza Tzai Mien

杂住菜麦丐

1/2 Tasse chinesische Pilze,
100 g mageres Schweinefleisch,
200 g Eiernudeln (auch Reisnudeln oder
Glasnudeln), Öl zum Braten,
2 Knoblauchzehen, fein gehackt,
1 EL frischer Ingwer, fein gehackt,
1/2 Tasse Bambussprossen, in feine
Streifen geschnitten,
1/2 Tasse Chinakohl, grob geschnitten.
Für die Soße:
1/2 Tasse Brühe, 2 EL Reiswein,
3 EL dunkle Sojasoße, 1 TL Zucker,
2 EL Bohnenpaste (Miso),
1 EL Maisstärke,
Salz, Pfeffer, Glutamat.

Pilze ca. 15 Min. in Wasser einweichen,
dann grob schneiden. Fleisch fein schneiden. Zutaten für die Soße mischen. Nudeln
kochen.
Während die Nudeln kochen, die Gemüsesoße zubereiten: Öl in der Pfanne erhitzen,
Knoblauch und Ingwer anbraten. Fleisch
und Gemüse zugeben und 3 Min. braten.
Soße dazugießen, durchmischen und,
wenn sie dick geworden ist, vom Feuer
nehmen.
Die gekochten Nudeln vom Feuer nehmen,
kurz durchspülen und auf eine heiße Platte
geben. Die Gemüsesoße darübergießen.

Protein 50 g, Fett 20 g, Kohlenhydrate 190 g.
Kalorien 1170 / Joule 4895.
Vorbereitungszeit: 10 Min.
Zubereitungszeit: 12 Min.

Eiernudeln
mit Krabben und Gemüse
Sia Ren Mien

虫殳亻=麦丐

200 g chinesische Eiernudeln,
einige chinesische Pilze,
Öl zum Braten,
1 Knoblauchzehe, fein gehackt, Salz,
1/2 Tasse Karotten, in dünne Streifen
geschnitten,
1 Tasse Spinat, grob geschnitten,
1 Stange Lauch, in Diagonalscheiben
geschnitten,
1/2 Tasse Bohnensprossen.
50 g Schweinefleisch, geschnitzelt,
100 g Krabben aus der Dose.
Für die Soße:
1/2 TL Zucker, 1/2 TL Sesamöl,
2 EL Sojasoße, 2 EL Reiswein,
1/2 Tasse Hühnerbrühe,
Glutamat, Pfeffer, Salz.

Nudeln in Salzwasser kochen, abschrek-
ken, abtropfen lassen und beiseite stellen.
Pilze ca. 15 Min. in Wasser einweichen,
dann ausdrücken und in Stücke schneiden.
Die Zutaten für die Soße mischen.
Öl in der Pfanne erhitzen, Knoblauch anbraten, salzen, das Gemüse und die Pilze
zugeben und 1 Min. braten. Beiseite stellen.
Wieder Öl in der Pfanne erhitzen. Schweinefleisch kurz anbraten. Dann nacheinander Krabben, Nudeln und Gemüse zugeben. Alles gut durchmischen. Mit der Soße
ablöschen und noch 1 Min. dünsten. Würzen und anrichten.

Protein 55 g, Fett 30 g, Kohlenhydrate 165 g.
Kalorien 1180 / Joule 4940.
Vorbereitungszeit: 10 Min.
Zubereitungszeit: 12 Min.

Nudeln mit Kohl und Schweinefleisch
Bai Zai Mien

白菜麦弓

100 g geröstetes Schweinefleisch (kalt),
Öl zum Braten,
200 g breite Nudeln, gekocht,
50 g Bambussprossen, in dünne Scheiben
geschnitten,
200 g Chinakohl, grob geschnitten.
Für die Soße:
1 Tasse Hühnerbrühe,
1 EL Maisstärke,
2 EL helle Sojasoße,
1 TL Sesamöl,
Salz, Zucker, Glutamat.

Fleisch in Streifen schneiden. Zutaten für
die Soße mischen.
Öl in der Pfanne erhitzen und die Nudeln
1 Min. braten. Auf heiße Platte legen. Wieder Öl in die Pfanne geben, stark erhitzen.
Fleisch und Gemüse 2 Min. braten.
Die Soße darübergießen und weitere 2 Min.
dünsten. Über die Nudeln schütten und
heiß servieren.

Protein 70 g, Fett 20 g, Kohlenhydrate 170 g.
Kalorien 1170 / Joule 4895.
Vorbereitungszeit: 10 Min.
Zubereitungszeit: 5 Min.

Nudelkuchen mit Fleisch und Krabben
Ro Si Kao Mien

肉糸糸烤麦弓

Ein Gericht aus der nordchinesischen Küche. In der Gegend von Yünnan gibt man in
den Nudelkuchen noch eine halbe Tasse
Schinkenstreifen.

250 g breite Nudeln,
150 g Krabben oder Garnelen,
1/2 Eiweiß, 1 TL Maisstärke,
200 g Rindfleisch (Filet).
Für die Marinade:
1 EL Sojasoße,
2 TL Maisstärke,
1/2 EL Sesamöl, Glutamat.
Außerdem:
4–5 schwarze Pilze, Öl zum Braten,
1 Tasse Chinakohl, grob geschnitten,
1/2 Tasse Bambussprossen, in Streifen
geschnitten.
Für die Soße:
1/2 Tasse Brühe, 1 EL Reiswein,
Salz, Zucker, Glutamat,
2 TL Maisstärke, mit Wasser angerührt.

Die Nudeln in Salzwasser kochen, mit kaltem Wasser spülen und beiseite stellen. Die
Krabben spülen und mit dem Eiweiß und
der Maisstärke gut durchmischen. Kühl
stellen.
Das Rindfleisch in möglichst dünne
Scheibchen schneiden und mit der Marinade vermischen. Beiseite stellen. Pilze ca.
15 Min. einweichen, dann Stiele abschneiden und die Kappen in Streifen schneiden.

Gebratener Gemüsereis
Rezept Seite 102

Genügend Öl in der Pfanne stark erhitzen. Die Nudeln hineingeben, etwas plattdrücken und 5–10 Min. backen, bis sich unten eine goldbraune Kruste gebildet hat (nicht rühren). Umdrehen und auf der andern Seite wiederholen. Den beidseitig braungebackenen Nudelkuchen bis zum Anrichten warm stellen.
Wieder Öl erhitzen, die Krabben 20 Sek. braten und wegstellen. Nun das Rindfleisch etwa 2 Min. braten und ebenfalls wegstellen.
Nochmals Öl erhitzen und die Pilze 1 Min. braten, dann den Kohl und die Bambussprossen zugeben, eine weitere Min. braten und mit der Soße löschen. Zugedeckt $1/2$ Min. ziehen lassen, dann das Fleisch und die Krabben unterrühren.
Die angerührte Maisstärke zugeben und alles gut durchmischen. Nudelkuchen anrichten, Mischung darübergeben.

Protein 110 g, Fett 30 g, Kohlenhydrate 195 g.
Kalorien 1530 / Joule 6405.
Vorbereitungszeit: 15 Min.
Zubereitungszeit: 20 Min.

Gefüllte Teigkörbchen
Schao Mai

火尧賓

Die chinesische Urmutter der europäischen Ravioli, Tortellini, Maultaschen und Pasteten sind die gefüllten Teigkörbchen und Teigtaschen in verschiedenen Größen, Faltarten und Füllungen. Ihr Ursprung verliert sich in den Anfängen der chinesischen Kochkunst des alten Reiches.

Für die Füllung:
250 g mageres Schweinefleisch, fein gehackt,
150 g Krabben, grob gehackt,
1 EL helle Sojasoße,
1 EL Reiswein,
2 TL Maisstärke,
2 EL Brühe,
1 TL Sesamöl,
1/4 Tasse Frühlingszwiebel, fein gehackt,
Salz, Pfeffer, Zucker, Glutamat.
Außerdem:
ca. 200 g Won-Tan-Teig (s. S. 106),
grüne Erbsen,
Champignons, halbiert.

Zutaten für die Füllung gut durchmischen. Einige ganze Krabben beiseite stellen. Den Teig in runde Stücke mit 10–12 cm Durchmesser schneiden. Auf jeden Teigfladen ca. 1–1$1/2$ EL der Füllung geben, die Ränder hochheben und diese so falten, daß Gebilde ähnlich kleiner Tabaksbeutel entstehen, jedoch oben etwas geöffnet (siehe Zeichnung). Diese obere Öffnung mit Krabben, Erbsen und Champignons belegen. Die Taschen in eine Schüssel setzen und ca. 20 Min. dämpfen. Mit einer Soße zum Dippen servieren.

Protein 110 g, Fett 15 g, Kohlenhydrate 155 g.
Kalorien 1225 / Joule 5125.
Vorbereitungszeit: 30 Min.
Zubereitungszeit: 20 Min.

Gemüsesuppe
Rezept Seite 127

109

Glasnudeln mit Garnelen

Sia Ren Mi Fan

虾仁=米粉

150 g Glasnudeln,
300 g Garnelen,
Saft einer halben Zitrone, Öl zum Braten,
1/2 Tasse Bambussprossen, in feine
Streifen geschnitten,
Salz, Pfeffer.
Für die Soße:
1/2 Tasse Hühnerbrühe,
2 EL helle Sojasoße,
2 EL Reiswein,
1/2 TL frisch geriebener Ingwer,
Salz, Zucker, Glutamat.
Außerdem:
Koriandergrün.

Glasnudeln nach der Anweisung auf der Packung kochen und beiseite stellen. Garnelenfleisch aus den Schalen nehmen und säubern. Bei größeren Tieren einmal längs durchschneiden. Mit dem Zitronensaft beträufeln.
Öl in der Pfanne erhitzen, Garnelen 2 Min. braten und beiseite stellen. Wieder Öl in der Pfanne erhitzen, Bambussprossen 1 Min. braten, dann Nudeln und Garnelen untermischen. Eine weitere Minute braten.
Die Soße zugeben und noch eine Minute dünsten, dabei alles gut durchmischen. Abschmecken und mit einigen frischen Korianderstengeln garnieren

Protein 55 g, Fett 20 g, Kohlenhydrate 120 g.
Kalorien 900 / Joule 3765.
Vorbereitungszeit: 15 Min.
Zubereitungszeit: 10 Min.

Gebackene Jao Tse

Tziao Dschi

餃子

Diese köstlichen gefüllten Teigtäschchen sind fast zu einem Nationalgericht des Nordens geworden. Ein beliebtes Garküchengericht, das die Nachfolger der Pastetenbäcker des alten China heute in unzähligen Variationen an den Kochständen der Straßen in den Städten feilbieten. Es gibt sie gekocht, gedämpft, gebraten und fritiert.

Für die Füllung:
1/2 Tasse schwarze Pilze,
100 g Schweinefleisch,
50 g Krabbenfleisch,
1/2 Tasse Bambussprossen, fein gehackt,
1/4 Tasse Koriandergrün, fein gehackt,
2 EL Schnittlauch, fein geschnitten,
1 EL Reiswein,
1 EL helle Sojasoße,
1 Ei,
1 EL Maisstärke,
Salz, Zucker, Pfeffer, Glutamat.
Außerdem:
ca. 200 g Won-Tan-Teig (s. S. 106),
Öl, 1/2 Tasse Wasser.
Für die Soße:
5 EL helle Sojasoße,
3 EL weißer Essig,
1 TL frischer Ingwer, gerieben,
1/2 TL Zucker, Salz, Glutamat.
1 EL Sesamöl mit Chili,
1 Knoblauchzehe, fein gehackt.

Pilze ca. 15 Min. in Wasser einweichen, ausdrücken, Stiele abschneiden und die Kappen fein hacken. Schweinefleisch und

Krabbenfleisch fein schneiden und mit den übrigen Zutaten für die Füllung mischen. Aus dem Teig runde Scheiben mit ca. 8 cm Durchmesser schneiden und jede mit 1–2 TL der Füllung belegen. Die Teigscheiben so falten, daß oben zusammengedrückte Beutel mit einem breiten Boden entstehen (siehe Zeichnung).

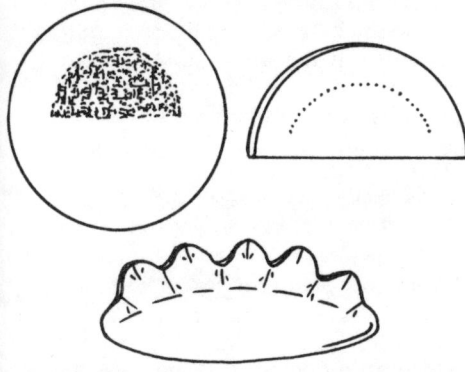

In eine Pfanne ½ cm Öl geben und erhitzen. Die Beutel in die Pfanne stellen und 2 Min. backen. Das Wasser darübergießen, zudecken und 5 Min. bei kleiner Hitze dünsten. Wenn das Wasser beinahe verkocht ist, nochmals stark erhitzen und backen, bis die Böden der Taschen goldbraun sind.
Inzwischen die Soße bereiten. Dafür die Zutaten außer Öl und Knoblauch mischen. Sesamöl in der Pfanne erhitzen und Knoblauch anbraten. Die Soßenmischung zugeben, erhitzen und getrennt zum Dippen servieren.

Protein 65 g, Fett 25 g, Kohlenhydrate 165 g.
Kalorien 1175 / Joule 4920.
Vorbereitungszeit: 30 Min.
Zubereitungszeit: 10 Min.

Gefüllte Nudeln Setschuan
Sze Tschuan Tziao Dschi

四川傾交子

Für die Füllung:
400 g Hühnerfleisch (ohne Haut), fein gehackt,
2 Eiweiß,
1 EL Maisstärke,
1 EL Reiswein,
1 EL grüner Pfeffer, zerdrückt,
Salz, 5-Gewürz-Pulver, Glutamat.
Für die Soße:
1 EL helle Sojasoße,
1 TL Essig, 5 EL Brühe,
Salz, Chilisoße nach Belieben.
Außerdem:
ca. 200 g Teig für Won Tans (s. S. 106),
Öl zum Braten,
2 Knoblauchzehen, fein gehackt,
1 kleine Gewürzgurke, grob geschnitten,
1 kleine Schalotte, fein gehackt.

Zutaten für die Füllung gut mischen. Die Zutaten für die Soße mischen. Den Teig in 6–8 cm große Quadrate schneiden. Je 1–2 TL der Fleischpaste draufgeben. Teig einschlagen und die Ränder zusammendrücken (evtl. mit Wasser und Mehl verkleben).
Wasser zum Kochen bringen, die Teigtaschen hineingeben und kochen, bis sie oben schwimmen. Dann mit kaltem Wasser abschrecken und abtropfen lassen.
Öl in der Pfanne erhitzen und Knoblauch, Gurke und Schalotte anbraten. Mit der Soße ablöschen, vom Feuer nehmen. Die Täschchen anrichten und mit der Soße übergießen.

Protein 90 g, Fett 25 g, Kohlenhydrate 120 g.
Kalorien 1090 / Joule 4560.
Vorbereitungszeit: 30 Min.
Zubereitungszeit: 15 Min.

Fischklösse in Teigtaschen
Sui Tziao

水餃

Ein Gericht aus dem Norden, das Sie jedoch
in unzähligen Varianten in den Garküchen
bis Singapur finden.

Für die Füllung:
400 g Flußfische (mit wenig Gräten),
1 Eiweiß,
1 TL fein gehackter Ingwer,
3 EL Reiswein (oder Sherry),
2 EL Zitronensaft, 1 EL Stärke,
Salz, Pfeffer, Glutamat.
Außerdem:
8 Teigstücke mit ca. 10 cm ∅, (s. S. 106),
1 Zitrone, Petersilie.

Fische sorgfältig entgräten, das Fleisch fein
hacken. Mit den übrigen Zutaten zur Füllung gut vermengen.
Von der Mischung jeweils 2–3 EL auf die
Teigfladen geben, den Rand hochheben
und so falten, daß kleine Körbchen von der
Größe einer Mokkatasse entstehen. Die
Körbchen etwa 10 Min. dämpfen. Anrichten, mit Zitrone und Petersilie garnieren.

Protein 65 g, Fett 5 g, Kohlenhydrate 80 g.
Kalorien 640 / Joule 2680.
Vorbereitungszeit: 30 Min.
Zubereitungszeit: 10 Min.

Chinesische Pfannkuchen
Buo Bing

薄餅

Man nennt Sie auch Mandarin-Pfannku-
chen, eine althergebrachte Beilage zur Pekingente. Zusammen mit einer Füllung sind
sie aber auch ein beliebter Imbiß oder Teil
eines Menüs. Beides kommt dann getrennt
auf den Tisch. Man gibt selbst mit dem Löffel etwas Füllung auf den Kuchen, rollt ihn
zusammen und ißt ihn mit der Hand.

3 Tassen Mehl,
1/2–3/4 Tassen kochendes Wasser,
Sesamöl.

Mehl in eine Schüssel geben, mit dem kochenden Wasser verrühren und zu einem
festen Teig kneten. Wenn nötig, noch etwas
Mehl hinzufügen, so daß der Teig ausge-
rollt werden kann.
Den Teig 1/2–1 Stunde zugedeckt stehen
lassen. Vor Gebrauch nochmals durchkneten. Mit der Hand etwa 3/4 cm dicke, runde
Kuchen formen (ca. 5 cm Durchmesser).
Eine Seite mit Sesamöl bestreichen. Nun
jeweils zwei Kuchen mit der eingeölten
Seite aufeinanderlegen. Sie sollen gut auf-
einander passen.
Dieses »Sandwich« auf etwa 15 cm Durchmesser ausrollen. Wenig Öl in der Pfanne
erhitzen, und die Kuchen auf jeder Seite
etwa 1/2 Min. backen. Dann sofort mit den
Fingern die beiden aufeinanderliegenden
Kuchen wieder trennen.
Bis zum Gebrauch warm stellen oder wenn
sie kalt sind, in Alufolie packen und dämpfen, bis sie wieder heiß sind.

Protein 20 g, Fett 15 g, Kohlenhydrate 105 g.
Kalorien 650 / Joule 2720.
Vorbereitungszeit: 25 Min.
Zubereitungszeit: 10 Min.

Frühlingsrollen
Dschun Dschiän

春捲

Wohl eine der bekanntesten Spezialitäten der chinesischen Küche sind Frühlingsrollen oder gefüllte Pfannkuchen. Ein Muß auf den Speisekarten der Chinarestaurants rund um den Erdball! Jeder hat sein Hausrezept und seine Tricks. Der eine weiß die Hülle besonders knusprig zu backen, der andere eine köstliche Füllung zuzubereiten, dem Meister gelingt beides.

150 g mageres Schweinefleisch,
1 TL Mehl,
Salz, 5-Gewürz-Pulver, Glutamat,
½ Tasse kurz geschnittene Glasnudeln, Öl,
3 Pilze, eingeweicht und kleingeschnitten,
½ Tasse Chinakohl, fein geschnitten,
½ Tasse Bambussprossen, in feine kurze Streifen geschnitten,
½ Tasse Bohnensprossen,
1 Frühlingszwiebel, fein gehackt,

1 EL dunkle Sojasoße,
1 TL Reiswein,
2 EL Brühe,
1–2 EL Maisstärke,
Salz, Pfeffer, Glutamat.
Teighüllen s. S. 105.

Die Menge reicht für 6–8 Rollen. Zubereitung der Hüllen siehe Seite 105.
Schweinefleisch fein schnitzeln, mit dem Mehl bestreuen, würzen und beiseite stellen. Die Nudeln nach Anweisung abbrühen oder kochen.
Öl in der Pfanne erhitzen, das Schweinefleisch und die Pilze 1 Min. braten. Gemüse zugeben und weitere 2 Min. braten. Sojasoße, Wein und Brühe zufügen und vom Feuer nehmen. Gut durchmischen, mit der Maisstärke binden und würzen.
Die Füllung auf die vorbereiteten Pfannkuchen verteilen und zu Taschen falten oder mit eingeschlagenen Seitenteilen rollen (s. Zeichnung). Die Enden evtl. mit Mehl und Wasser ankleben. Öl erhitzen und die Rollen goldbraun fritieren oder schwimmend backen.

Protein 70 g, Fett 20 g, Kohlenhydrate 200 g.
Kalorien 1290 / Joule 5400.
Vorbereitungszeit: 20 Min.
Zubereitungszeit: 15 Min.

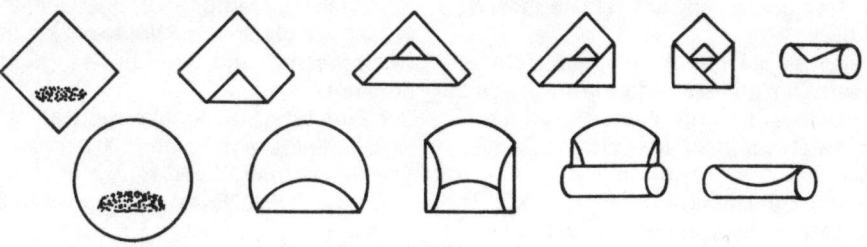

Gemüsegerichte

»Es ist gesund, zwei drittel Gemüse und ein drittel Fleisch zu essen.« (Konfuzius)
Die meisten der in China angebauten Gemüsesorten sind auch hier auf dem Markt und können daher in frischem Zustand verwendet werden. Einige Arten sind getrocknet oder in Dosen erhältlich, und einige können durch geschmacklich ähnliche Sorten ersetzt werden.
In der chinesischen Küche wird ausgesprochen viel Gemüse verwendet. Und der Zubereitung wird nicht weniger Aufmerksamkeit und Mühe geschenkt als den Fleischgerichten. Die Zubereitung unterscheidet sich wesentlich von der hier üblichen. Sie geht von der Absicht aus, den natürlichen Geschmack, die Nährstoffe und die Farbe weitgehend zu erhalten. Grundsätzlich wird das Gemüse nicht weich gekocht, sondern es muß knackig und knusprig bleiben, fast halb roh. Der Chinese, insbesondere der Südländer, liebt keine zerkochten Gemüse. Deshalb überwiegt heute noch die Verwendung von frischer Ware vor getrocknetem, eingelegtem oder gar Dosengemüse. Leider sind hier bestimmte tropische Gemüsesorten nur als Konserven erhältlich.
Und das ist die gebräuchlichste Zubereitungsart: Öl wird in der Pfanne stark erhitzt und gesalzen (um die Farbe zu erhalten). Dann wälzt man das geschnittene Gemüse schnell im Fett, damit sich die Fasern schließen. Bei kleinerer Hitze wird das Gemüse unter gelegentlichem Wenden im ei-

genen Saft oder in wenig zugefügter Brühe halbgar gedünstet.
Hartes, faseriges Gemüse wird auch oft blanchiert. Man gibt es in kochendes Wasser, läßt es drin, bis das Wasser fast wieder kocht. Dann nimmt man das Gemüse heraus und spült es gleich mit kaltem Wasser ab und gart es dann wie oben beschrieben. Gewürzt wird nach dem Garen. Die Garzeiten betragen je nach Härte des Gemüses 2–10 Minuten.
Bei Mischgemüse gibt man natürlich das härtere zuerst in die Pfanne und fügt dann während des Bratvorgangs (also vor dem Dünsten) das übrige zu. Oder man schneidet das härtere Gemüse kleiner (z. B. Karotten). Die erforderliche Ölmenge beträgt 1 EL auf 1–1½ Tassen Gemüse.
Eine andere Art, Gemüse zuzubereiten, ist – hier gänzlich ungewohnt – das Fritieren. Dies geschieht in der üblichen Weise, die Garzeit ist natürlich wesentlich kürzer als bei Fleisch. Um die Fasern noch besser zu schließen, kann man das geschnittene Gemüse auch in Stärke wälzen bzw. damit bestäuben.
Eine weitere Methode ist, das Gemüse im Fritierkorb eine halbe Minute ins kochende Öl zu tauchen und dann in der Pfanne zu dünsten.
Zur Erhaltung von Aroma und Nährstoffen ist zweifellos am besten, das mit einem Stärkefilm umhüllte Gemüse zu fritieren und dann evtl. in der vorgesehenen Soße zu dünsten.

Kohlrollen Yünnan
Yünnan Tzai Dschüan

云南菜捲

Aus der Provinz Yünnan kommt der berühmte Schinken. Er ist für China das, was für Europa der Parma-Schinken oder das Schwarzwälder Rauchfleisch. (Die Westfalen mögen mir verzeihen, aber ich kann bei dieser Schinkengeschichte aus Gründen des Gleichgewichts dem berühmten italienischen nur einen des nördlichen Nachbarn anführen.)

6 Chinakohlblätter,
12 Streifen Schinken, Öl zum Braten,
¾ Tasse Hühnerbrühe oder
Hühnercreme, Salz, Glutamat,
1 TL Maisstärke, mit Wasser angerührt.

Kohlblätter in der Mitte längs halbieren. Mit kochendem Salzwasser überbrühen und einige Minuten stehen lassen, damit sie beim Einrollen nicht mehr brechen.
Auf jedes halbe Blatt einen entsprechenden Streifen Schinken legen und von der Blattspitze aus einrollen, evtl. das untere, dicke Stück der Blätter abschneiden, wenn es sich nicht rollen läßt. Das Ende mit einem Zahnstocher feststecken.
Öl in der Pfanne erhitzen und die Rollen leicht anbraten. Mit der Hühnerbrühe ablöschen und 3 Min. bei kleiner Flamme dünsten. Rollen herausnehmen.
Die Brühe in der Pfanne mit der angerührten Maisstärke binden, abschmecken und auf die angerichteten Rollen gießen. Auf die Zahnstocher eine Mandarinenscheibe oder Cocktailkirsche stecken.

Protein 35 g, Fett 40 g, Kohlenhydrate 10 g. Kalorien 555 / Joule 2325.
Vorbereitungszeit: 15 Min.
Zubereitungszeit: 4 Min.

Chinakohl mit seinem feinen, unaufdringlichen Geschmack erfreut sich auch in Europa immer größerer Beliebtheit, seit er auch in Europa angebaut wird. Hier zwei einfache Zubereitungsarten, einmal mit einer Milchcreme und einmal die klassisch chinesische Zubereitungsart.

Chinakohl in Hühnercremebrühe
Tzi Jio Bai Tzai

奚鳥油白菜

1 mittlerer Chinakohl, Öl zum Braten,
Salz, Zucker, Glutamat,
¼ l Hühnerbrühe,
1 Schuß Reiswein,
2 TL Maisstärke, in Wasser angerührt.

Kohl waschen, abtropfen lassen und in Stücke schneiden. Öl in der Pfanne erhitzen, Kohl hineingeben. 1 Min. braten, würzen und mit der Brühe ablöschen. Bei kleiner Hitze 2 Min. dünsten. Den Reiswein darüberträufeln, die Maisstärke unterrühren. Aufkochen lassen und anrichten.

Protein 5 g, Fett 10 g, Kohlenhydrate 15 g. Kalorien 180 / Joule 755.
Vorbereitungszeit: 5 Min.
Zubereitungszeit: 4 Min.

Chinesischer Kohl in Cremesosse
Nai Yu Bai Tzai

奶油白菜

400 g Chinakohl,
1/2 Tasse Milch, 1 EL Maisstärke,
Salz, Glutamat,
Öl zum Braten, 1 TL Salz,
Petersilie.

Kohl in Stücke schneiden. Milch mit der Stärke, Salz und Glutamat mischen. Öl erhitzen und salzen. Den Kohl 2 Min. braten. Die Soße zugeben und rühren, bis die Milchmischung cremig ist. Auf eine Platte geben und mit Petersilie bestreuen.

Protein 10 g, Fett 10 g, Kohlenhydrate 25 g.
Kalorien 250 / Joule 1005.
Vorbereitungszeit: 5 Min.
Zubereitungszeit: 3 Min.

Blumenkohl mit Krabben
Sia Ren Tzai Hua

虾仁=菜花

Ein Gericht der Neuzeit, denn die Verwendung von Milch zum Kochen ist in China früher nicht bekannt gewesen.

400 g Blumenkohl,
Öl zum Braten, 100 g Krabben,
1/2 Tasse Milch, Salz, 1/2 EL Maisstärke,
mit wenig Wasser angerührt,
Petersilie.

Blumenkohl in kleine Stücke zerpflücken, waschen und abtropfen lassen. Öl in der Pfanne erhitzen und bei mittlerer Hitze Blumenkohl und Krabben 2 Min. braten. Milch mit Salz zugeben und 2 Min. dünsten. Maisstärke einrühren und weiterkochen, bis die Soße dick wird. Anrichten und mit Petersilie garnieren.

Protein 30 g, Fett 15 g, Kohlenhydrate 20 g.
Kalorien 345 / Joule 1445.
Vorbereitungszeit: 10 Min.
Zubereitungszeit: 5 Min.

Blumenkohl und Broccoli in weisser Sosse
Tziäh Lan Tzai Hua

芥蘭菜花

Broccoli ist hier in letzter Zeit populärer geworden und wird sicher in Zukunft immer mehr Freunde finden. Sie können ohne weiteres auch die zarten Stiele verwenden.

200 g Blumenkohl, 200 g Broccoli.
Für die Soße 1:
1 EL Reiswein,
1 EL helle Sojasoße,
1/2 TL frischer Ingwer, gerieben,
3 EL Hühnerbrühe,
Salz, Zucker, Glutamat.
Für die Soße 2:
1/2 Tasse Hühnerbrühe,
1 EL frischer süßer Rahm.
Außerdem:
Öl zum Braten, Salz,
2 TL Maisstärke, mit Wasser angerührt.

Das Gemüse säubern und in kleine Stücke teilen. Die Soßenzutaten getrennt mischen.
Öl in der Pfanne erhitzen. Salzen. Broccoli 1/2 Min. braten, mit der Soße 1 ablöschen und noch 1 Min. zugedeckt dünsten. Auf eine vorgewärmte Platte geben.
Wieder Öl erhitzen, salzen. Den Blumenkohl darin 2 Min. braten. Soße 2 zugeben und noch 1 Min. dünsten. Blumenkohl herausnehmen und in der Mitte der Platte anrichten, umgeben von den Broccoli.
Die Soße mit Maisstärke binden und über den Kohl gießen.

Protein 10 g, Fett 15 g, Kohlenhydrate 20 g.
Kalorien 260 / Joule 1090.
Vorbereitungszeit: 15 Min.
Zubereitungszeit: 5 Min.

Broccoli süss-sauer
Tang Tschu Tziäh Lan

米唐西菁芥閲

300 g Broccoli,
2 Karotten,
1 Tasse Bambussprossen,
1 EL Salz.
Für die Soße:
2 TL Maisstärke,
2 EL Essig,
2 EL Zucker,
1 EL helle Sojasoße,
5 EL Brühe,
Glutamat, Salz,
Außerdem:
Öl zum Braten, Salz,
1 EL Reiswein.

Broccoli in mundgerechte Stücke schneiden. Karotten in feine Streifen, Bambussprossen in dünne Scheibchen schneiden.
Wasser mit 1 EL Salz zum Kochen bringen. Broccoli hineingeben und 1 Min. kochen. Herausnehmen und abtropfen lassen.
Stärke mit Wasser anrühren und mit den übrigen Soßenzutaten mischen. Öl in der Pfanne erhitzen. Salz einstreuen, Karotten 1 Min. braten. Broccoli und Bambussprossen zufügen und weitere 2 Min. braten. Die Soße zugeben und umrühren, bis sie dick wird.
Am Schluß Reiswein darüberträufeln und anrichten.

Protein 10 g, Fett 10 g, Kohlenhydrate 45 g.
Kalorien 320 / Joule 1340.
Vorbereitungszeit: 10 Min.
Zubereitungszeit: 5 Min.

Chop Suy mit Eierhut
Tza Suoi

雜子午

Chop Suy ist keine Erfindung des chinesischen Mutterlandes. Es soll in einem Chinesenviertel irgendwo an der Westküste Amerikas das Licht der Welt erblickt haben. Über die Entstehung des Gerichts gibt es einige teils böse Versionen, deuten doch die Zutaten ein bißchen auf Verwertung von Resten hin.
Das kann sein, aber es muß durchaus nicht. Jedenfalls ist es ein sehr variables, wohlschmeckendes Gericht, das in keinem Chinarestaurant außerhalb des Mutterlandes auf der Karte fehlt.

200 g Schweinefleisch.
Für die Marinade:
1 TL Reiswein, 1 TL Maisstärke,
1 EL helle Sojasoße, Pfeffer, Glutamat.
Außerdem:
5 chinesische Morcheln,
12 junge Erbsenschoten,
2 Zwiebeln, 1/2 Tasse Karotten,
1/2 Tasse Bambussprossen,
Öl zum Braten, Salz,
1/2 Tasse Bohnensprossen, Zucker,
2 EL helle Sojasoße, 2 EL Reiswein,
3 mit Prise Salz geschlagene Eier.

Schweinefleisch in feine Streifen schneiden. Zutaten für die Marinade mischen. Das Fleisch einlegen, 15 Min. stehen lassen. Pilze einweichen. Von den Erbsen Spitzen abschneiden, Zwiebeln in Stücke, Karotten und Bambussprossen in feine Streifen schneiden. Öl in der Pfanne erhitzen, das Fleisch anbraten, bis es sich verfärbt. Vom Feuer nehmen. In derselben Pfanne wieder Öl erhitzen, salzen und darin Zwiebeln und Karotten 1 Min. braten. Nacheinander bei ständigem Mischen Bambussprossen, Pilze, Bohnensprossen und Erbsen zugeben. Eine Prise Zucker darüberstreuen und weitere 2 Min. braten.
Wieder das Fleisch unterheben, eine weitere Minute braten, mit Sojasoße und Reiswein ablöschen, vom Feuer nehmen und anrichten. Öl erhitzen. Aus den Eiern einen Eierkuchen beidseitig goldbraun backen. Auf das Gemüse geben.

Protein 65 g, Fett 35 g, Kohlenhydrate 35 g.
Kalorien 735 / Joule 3080.
Vorbereitungszeit: 15 Min.
Zubereitungszeit: 6 Min.

Spargel mit Krabben

Sia Ren Lu Suon

虾仁炒蘆筍

400 g Spargel,
150 g Krabben, 2 EL Reiswein,
1 TL frisch geriebener Ingwer,
Wasser,
1 TL Zucker, Salz,
2 EL Sojasoße.
Für die Soße:
1/3 Tasse Hühnerbrühe,
1 EL helle Sojasoße,
1 EL Reiswein,
1 EL Tomatenmark,
2 TL Maisstärke, mit Spargelbrühe
angerührt,
Salz, Glutamat.
Außerdem:
Öl zum Braten, Petersilie.

Spargel schälen und in fingerlange Stücke schneiden. Krabben mit 2 EL Reiswein und dem Ingwer mischen und 1/2 Std. stehen lassen. Spargel in Wasser mit Zucker, Salz und Sojasoße gar kochen. Auf einer vorgewärmten Platte anrichten.
Zutaten für die Soße mischen. Öl in der Pfanne erhitzen und Krabben darin schwenken. (Frische Krabben 1/2 Min. braten.) Soße in die Pfanne zu den Krabben geben. Wenn sie aufkocht und etwas dick wird, vom Feuer nehmen und über den Spargel gießen.

Protein 35 g, Fett 10 g, Kohlenhydrate 40 g.
Kalorien 400 / Joule 1675.
Vorbereitungszeit: 15 Min.
Zubereitungszeit: 12 Min.

Pilze auf Spinat
Sian Yu Buo Tzai

香菇波菜

Ein außergewöhnlich schmeckendes Gericht. Verwenden Sie nach Möglichkeit chinesische Pilzsorten.

250 g Spinat.
Für die Soße:
5 EL Fleischbrühe
3 EL Sojasoße,
1 EL Reiswein,
Salz, Glutamat, Zucker,
1 EL Maisstärke, mit ½ Tasse Pilzbrühe
oder Wasser angerührt.
Außerdem:
1 EL Öl zum Braten,
250 g gemischte Pilze (frisch oder
aufgeweicht) (Champignons, chinesische
Morcheln, schwarze Pilze, Strohpilze),
Petersilie.

Spinat 2–3 Min. kochen, abtropfen lassen und auf einer Platte anrichten. Warm stellen.
Zutaten für die Soße mischen. Öl in der Pfanne erhitzen, Pilze hineingeben und 1–2 Min. braten. Die Soße zu den Pilzen in die Pfanne geben und sofort zudecken. Nach ½ Min. Maisstärke unterrühren, aufkochen lassen und vom Feuer nehmen. Über den Spinat gießen und mit chinesischer Petersilie garnieren.

Protein 15 g, Fett 10 g, Kohlenhydrate 35 g.
Kalorien 300 / Joule 1255.
Vorbereitungszeit: 5 Min.
Zubereitungszeit: 6 Min.

Spinatrollen
Buo Tzai Dschuan

波菜捲

Bei uns zu Hause bekamen Kinder, die gegen Spinatessen rebellierten, dieses Gericht vorgesetzt, um sie auf friedliche Weise mit diesem gesunden Gemüse anzufreunden. Es gelang meistens.

12 große Spinatblätter.
Für die Füllung:
200 g mageres Schweinehack,
2 EL Sojasoße, 1 Eiweiß,
1 EL frisch geriebener Ingwer,
2 Knoblauchzehen, fein gehackt,
1 EL Reiswein, 2 EL Maisstärke,
Salz, Pfeffer, Glutamat.
Außerdem:
½ Tasse Hühnerbrühe.

Spinatblätter mit kochendem Wasser übergießen und 5 Min. stehen lassen. Zutaten für die Füllung mischen. Die Spinatblätter ausbreiten, jeweils mit etwas Füllung bestreichen und in Querrichtung zusammenrollen.
Die Rollen einmal quer durchschneiden und mit der Schnittstelle nach unten in einen feuerfesten Topf setzen. Eng zusammensetzen, damit sie nicht aufgehen. Die Brühe zugießen, erhitzen und etwa 8–10 Min. zugedeckt dünsten. Anrichten, die Brühe nachwürzen und drübergießen.

Protein 25 g, Fett 10 g, Kohlenhydrate 30 g.
Kalorien 320 / Joule 1340.
Vorbereitungszeit: 15 Min.
Zubereitungszeit: 10 Min.

Bohnensprossen mit Lauch
Da Suan Ja Tzai

大蒜菜

Das Säubern von Bohnensprossen nach alter chinesischer Gepflogenheit ist eine zeitraubende und Geduld erfordernde Arbeit. Von jedem kleinen Pflänzchen soll das Würzelchen und die winzigen äußeren Blättchen abgezupft werden. Es gibt viele Leute, die behaupten, es sei der Mühe wert.

250 g Bohnensprossen,
1 Stange Lauch (oder 4 kleine
Frühlingszwiebeln).
Für die Soße:
3 EL Brühe,
1 EL helle Sojasoße,
1 EL Reiswein,
1 EL Zitronensaft,
1 TL Maisstärke,
Glutamat, Salz, Zucker.
Außerdem:
Öl zum Braten, Salz.

Bohnensprossen säubern, Lauch oder Frühlingszwiebeln in Streifen schneiden. Soßenzutaten mischen.
Öl in der Pfanne erhitzen und salzen. Das Gemüse darin 2 Min. braten. Mit der Soße ablöschen und noch 1/2 Min. dünsten.

Protein 5 g, Fett 10 g, Kohlenhydrate 30 g.
Kalorien 235 / Joule 985.
Vorbereitungszeit (mit Säubern der Bohnensprossen): 25 Min.
Zubereitungszeit: 3 Min.

Grüne Bohnen mit Bambussprossen
Tzing Do Ja Tzai

青豆芽菜

Die chinesischen grünen Bohnen entsprechen im Geschmack etwa den europäischen. Sie werden gerne mit anderen Gemüsen gemischt gegessen. Hier ein Beispiel.

400 g junge grüne Bohnen,
4–5 chinesische schwarze Pilze,
1/2 Tasse Bambussprossen,
Öl zum Braten, Salz.
Für die Soße:
1 EL Reiswein,
5 EL Brühe,
1 EL helle Sojasoße,
Glutamat.
Außerdem:
1 TL Maisstärke, mit Wasser angerührt.

Von den Bohnen Spitzen und Randfäden entfernen. In 4–5 cm lange Stücke schneiden. Pilze ca. 15 Min. in Wasser einweichen, Stiele abschneiden und in Streifen, Bambussprossen in dünne Scheiben schneiden.
Öl erhitzen, Salz einstreuen und das Gemüse 2 Min. braten. Mit der Soße ablöschen und eine weitere Min. dünsten. Maisstärke einrühren. Anrichten.

Protein 10 g, Fett 10 g, Kohlenhydrate 30 g.
Kalorien 260 / Joule 1090.
Vorbereitungszeit: 15 Min.
Zubereitungszeit: 4 Min.

Auberginen mit Fleisch

Tziah Dschi

茄子

Die Aubergine (Eierfrucht) ist eine in China seit über 3000 Jahren bekannte Frucht. Sie kam von dort nach Südeuropa und erfreut sich in letzter Zeit auch in Mitteleuropa immer größerer Beliebtheit. Die Früchte werden nicht geschält. Wenn Sie den bitterlichen Beigeschmack nicht mögen, machen Sie folgendes: Wie vorgeschrieben schneiden, mit Zitrone beträufeln, leicht salzen, dann eine halbe Stunde stehen lassen und abspülen.

2 Auberginen,
200 g mageres Schweinefleisch,
Öl zum Braten,
2 EL eingeweichte, gehackte Pilze,
3 Knoblauchzehen, fein gehackt,
3 EL dunkle Sojasoße,
2 EL Reiswein, 1 TL Maisstärke,
Glutamat, Salz, einige Tropfen Tabasco,
1 TL Sesamöl,
1 EL grüner Pfeffer.

Auberginen längs halbieren. Von der Schale her quer einschneiden, jedoch nicht durchschneiden. Das Fleisch fein hacken. Öl erhitzen. Die Auberginen 2 Min. fritieren, herausnehmen und abtropfen lassen. Pilze, Knoblauch, Sojasoße, Reiswein, Stärke und Gewürze mit dem Fleisch mischen. Wieder Öl in der Pfanne erhitzen, die Fleischmischung 2 Min. braten. Auberginen zugeben, würzen und gut vermischen. Schnell Sesamöl einrühren und Pfeffer zugeben. Anrichten.

Protein 45 g, Fett 25 g, Kohlenhydrate 30 g.
Kalorien 540 / Joule 2260.
Vorbereitungszeit: 15 Min.
Zubereitungszeit: 5 Min.

Stangensellerie mit Bohnenquark

Do Tziang Tzin Tzai

豆醬芹菜

Wenn Sie keinen frischen Bohnenquark bekommen, behelfen sie sich mit Dosenware. Er muß dann gewässert werden, da er meist stark gesalzen ist.

400 g Stangensellerie,
2 Würfel Bohnenquark.
Für die Soße:
2 EL Reiswein, 1 EL helle Sojasoße,
1/4 Tasse Brühe, 1 TL Zucker,
Ingwerpulver, Glutamat.
Außerdem:
Öl zum Braten,
1 TL Maisstärke, mit Wasser angerührt.

Sellerie waschen und mit den Blättern in Stücke schneiden. Bohnenquark wässern. Soßenzutaten mischen. Den Bohnenquark zerdrücken und mit der Soße verrühren. Öl erhitzen. Stangensellerie darin 2 Min. braten. Soße zugeben, noch 1 Min. dünsten. Mit Maisstärke binden und anrichten.

Protein 5 g, Fett 10 g, Kohlenhydrate 40 g.
Kalorien 255 / Joule 1065.
Vorbereitungszeit: 10 Min.
Zubereitungszeit: 3 Min.

Gemischtes Gemüse süss-sauer
Tang Dschu Tza Tzai

米唐西昔雑菜

Ein Gericht, das in jede Menüzusammenstellung hineinpaßt. Wenn Sie Ihren eigenen Chinakohl aus dem Garten nehmen können, schmeckt es etwas urwüchsiger. Man kann dieses Gericht auch kalt essen. Im mittleren Osten gibt man noch einige Pfefferschoten zu.

3 Tassen Chinakohl (oder Weißkohl),
1 große rote Paprika,
1 große grüne Paprika.
Für die Soße:
1 EL helle Sojasoße, 4 EL Essig,
3 EL Zucker, 1 TL grüner Pfeffer,
2 TL Maisstärke, Salz, Glutamat.
Außerdem:
Öl zum Braten, Salz.

Chinakohl säubern und in Querstreifen, Paprikaschoten in feine Streifen schneiden. Zutaten für die Soße mischen.
Öl in der Pfanne erhitzen, salzen, Paprika 1 Min. braten und herausnehmen. Wieder Öl erhitzen, salzen und den Kohl 1 Min. braten. Paprika untermischen, dann die Soße zugeben und noch 2 Min. braten.
Nach Belieben mit Essig und Salz nachwürzen und anrichten.

Protein 5 g, Fett 10 g, Kohlenhydrate 65 g.
Kalorien 380 / Joule 1590.
Vorbereitungszeit: 5 Min.
Zubereitungszeit: 4 Min.

Bohnenquark Setschuan
Schi Sze Tschuan Dou Tziang

四川豆醬

6–8 mittelgroße schwarze Pilze,
Öl zum Braten,
3–4 Stücke Bohnenquark (etwa 300 g),
Salz, 1 EL Ingwer, fein gehackt,
2 Pfefferschoten, in Streifen geschnitten,
3 Knoblauchzehen, fein gehackt,
1 Schalotte oder Frühlingszwiebel, fein geschnitten,
1/2 Tasse Bambussprossen, in Streifen geschnitten,
1 EL grüner Pfeffer,
1 TL Zucker, Glutamat,
2 EL dunkle Sojasoße.

Pilze waschen und 15 Min. in Wasser einweichen. Die Pilze in Streifen schneiden, die Brühe beiseite stellen.
Pfanne erhitzen und reichlich Öl hineingeben (etwa 1/2 cm). Bohnenquark salzen und auf jeder Seite ca. 2 Min. bräunen. Aus der Pfanne nehmen, in Würfel schneiden und beiseite stellen.
In derselben Pfanne Ingwer, Pfefferschoten, Knoblauchzehen und Schalotten anbraten. Bambussprossen und Pilze zugeben und 2 Min. braten. Bohnenquark zufügen, Pfeffer, Zucker und Glutamat einstreuen. Sojasoße darüberträufeln und mit dem Pilzwasser ablöschen. Bei mittlerer Hitze noch 10 Min. kochen, dann anrichten.

Protein 60 g, Fett 5 g, Kohlenhydrate 35 g.
Kalorien 435 / Joule 1820.
Vorbereitungszeit: 15 Min.
Zubereitungszeit: 18 Min.

Suppen

Die Suppe wird bei einem chinesischen Menü am Schluß gereicht. Bei einem umfangreicheren Festessen mit verschiedenen Speisegruppen auch öfters zwischendurch.

Die chinesische Küche kennt eine große Zahl köstlicher Suppen, von der dünnen Brühe mit Einlage bis zur dicken, eintopfartigen Suppe. Eines aber haben alle gemeinsam, die Gemüsezutaten sind niemals verkocht. Als Grundlage zu Suppen dient immer eine gewürzte Fleischbrühe.

Suppen werden in Schalen mit Porzellanlöffeln gereicht. Es ist jedoch auch durchaus gebräuchlich, die Einlagen mit den Stäbchen zu essen und die Brühe aus der Schale zu trinken.

Vernachlässigen Sie bei Suppen nie die Gewürzzutaten. Sie geben der Suppe den letzten Pfiff, und wenn es auch nur einige Tropfen Sesamöl sind.

Da die Suppe am Schluß des Menüs gereicht wird, muß sie schon außerordentlich wohlschmeckend sein. Wer ißt noch etwas von nur durchschnittlicher Qualität, wenn er schon nahezu satt ist?

Fischsuppe
Yü Tang

魚湯

Eine außergewöhnliche Suppe mit Süßwasserfischen als Hauptzutat. Nehmen Sie keine Fische mit vielen kleinen Gräten, sonst verlieren Sie entweder die Geduld beim Lösen des Fleisches, oder Sie haben keine Freude am Essen.

Für den Sud:
1 Tomate, in Viertel geschnitten,
1 Knoblauchzehe,
1 TL helle Sojasoße,
3 Korianderstengel,
5 Scheiben frischer Ingwer,
10–15 Pfefferkörner.
Außerdem:
300 g Süßwasserfisch,
Saft einer Zitrone,
3 Tassen Wasser oder Fischbrühe,
3 Tassen Hühnerbrühe,
4–5 Pilze oder 1/2 Tasse Champignons, in Scheibchen geschnitten,
1 Tasse Bambussprossen, in dünne Streifen geschnitten,
3 EL Reiswein, Glutamat,
Salz, Pfeffer, 1/2 TL Sesamöl.

Die Zutaten für den Sud mit 3 Tassen Fischbrühe zum Kochen bringen und 5 Min. ziehen lassen. Fisch säubern, mit dem Saft der Zitrone beträufeln und in die kochende Brühe geben.
Nach 3 Min. herausnehmen. Das Fleisch von den Gräten lösen und in kleine Stücke schneiden. Gräte und Kopf wieder in die Brühe geben, weitere 5 Min. kochen, vom Feuer nehmen und durchsieben. Die gesiebte Brühe beiseite stellen.

Die Hühnerbrühe mit dem Fischsud zum Kochen bringen. Pilze und Bambussprossen 3 Min. in der Brühe kochen. Fischfleisch zugeben, noch 1 Min. kochen und würzen. Sesamöl darüberträufeln.

Protein 40 g, Fett 10 g, Kohlenhydrate 15 g.
Kalorien 320 / Joule 1340.
Vorbereitungszeit: 10 Min.
Zubereitungszeit: 25 Min.

Krabbensuppe
Sia Tang

蝦湯

3 Eiweiß, 2 EL Sojasoße,
1 EL Stärke, mit wenig Wasser angerührt,
1 EL Reiswein, Glutamat,
Öl zum Braten, Salz,
4–5 frische Ingwerwürfel,
200 g Krabben, 6 Tassen Hühnerbrühe,
2 EL Schnittlauch.

Eiweiß mit der Stärke, Sojasoße, Reiswein und Glutamat mischen. Öl erhitzen, salzen. Ingwer darin eine halbe Minute braten. Krabben zugeben und eine weitere halbe Minute braten. Ingwer herausnehmen. Mit der Hühnerbrühe ablöschen und zum Kochen bringen. $1/2$ Min. kochen. Die Eiweißmischung in die Brühe rühren und $1/2$ Min. kochen. Vom Feuer nehmen. Schnittlauch darüberstreuen.

Protein 80 g, Fett 25 g, Kohlenhydrate 35 g.
Kalorien 700 / Joule 2930.
Vorbereitungszeit: 5 Min.
Zubereitungszeit: 6 Min.

Abalonesuppe
Bao Yu Tang

魚色魚湯

Diese Suppe ist von Schantung bis Kanton in allen Küstenregionen bekannt und beliebt.

50 g Hühnerbrust,
1 EL Reiswein,
150 g Abalone aus der Dose,
6 Tassen Hühnerbrühe,
1 Frühlingszwiebel, fein gehackt,
Salz, Chilisoße, 1 Schuß Reiswein.

Hühnerbrust in feine Streifen schneiden, mit dem Reiswein mischen und 10 Min. stehen lassen. Abalone in feine Scheiben schneiden. Die Brühe aus der Dose beiseite stellen.
Hühnerbrühe zum Kochen bringen, Abalonebrühe und das Hühnerfleisch 1 Min. kochen. Abalone und Frühlingszwiebel zugeben und nach dem Aufkochen sofort vom Feuer nehmen, sonst wird das Abalonefleisch zäh.
Mit Reiswein, Salz und etwas Chilisoße abschmecken.

Protein 30 g, Fett 10 g, Kohlenhydrate 15 g.
Kalorien 280 / Joule 1175.
Vorbereitungszeit: 5 Min.
Zubereitungszeit: 4 Min.

Die beiden folgenden Suppenrezepte sind für westliche Begriffe vielleicht etwas gewagt. Fisch und Huhn zusammen in der gleichen Fleischbrühe! Aber probieren Sie es ohne Bedenken, es schmeckt delikat.

Hühnerklösschensuppe mit Krabben
Ro Wan Sia Tang

肉丸虾皮汤

Für die Klößchen:
150 g Hühnerfleisch, fein gehackt,
1 TL frischer Ingwer, fein gehackt,
1 EL helle Sojasoße,
1 TL geriebene Zitronenschale,
1 EL scharfe Mango-Chutney
(Fruchtstücke fein hacken),
1 Eiweiß, 2 EL Maisstärke,
Glutamat, Salz.
Außerdem:
100 g Krabben aus der Dose,
1 EL Zitronensaft,
6 Tassen Hühnerbrühe,
1/2 Tasse Bambussprossen, in feine
Streifen geschnitten,
4–5 Champignons, in Scheiben
geschnitten, Petersilie.

Zutaten für die Klößchen mischen. Krabben aus der Dose nehmen. Brühe abgießen. Krabben mit dem Zitronensaft beträufeln und 10 Min. stehen lassen.
Hühnerbrühe zum Kochen bringen. Fleischteig in einem Teller festpressen, mit dem Kaffeelöffel kleine Klößchen abstechen und in die kochende Brühe gleiten lassen. Löffel immer wieder in kaltes Wasser tauchen.
Bambussprossen zugeben und 2 Min. kochen. Krabben samt Zitronensaft und Champignons zufügen und 1 weitere Min. kochen. Anrichten und feingehackte Petersilie drüberstreuen.

Protein 65 g, Fett 20 g, Kohlenhydrate 50 g.
Kalorien 655 / Joule 2740.
Vorbereitungszeit: 10 Min.
Zubereitungszeit: 10 Min.

Garnelensuppe mit Hühnerfleisch
Sia Ren Tzi Tang

虾皮仁鸡汤

150 g Garnelen oder Krabben,
150 g Hühnerfleisch,
6 Tassen Fischbrühe,
1/2 Zitrone, 3–4 Chilischoten,
1 EL Sojasoße,
Salz, Zucker, Glutamat,
1/2 Tasse geschnittene Champignons,
Fischsoße.

Garnelen sorgfältig säubern, Hühnerfleisch in dünne Streifen schneiden.
Fischbrühe mit der Zitrone, den Chilischoten, Sojasoße, Salz, Zucker, Glutamat zum Kochen bringen und die Garnelen darin 5 Min. kochen.
Die Garnelen herausnehmen, zerteilen, das Fleisch herauslösen und beiseite stellen. Zitrone und Chilischoten aus der Brühe nehmen. In derselben Brühe das Hühnerfleisch und die Pilze 5 Min. kochen. Garnelenfleisch zugeben und mit der Fischsoße abschmecken.

Protein 50 g, Fett 10 g, Kohlenhydrate 10 g.
Kalorien 335 / Joule 1405.
Vorbereitungszeit: 15 Min.
Zubereitungszeit: 10 Min.

Fen-Tze-Suppe

Fan Tze Tang

粉絲湯

Eine Suppe der Kantonküche, einfach und trotzdem gut.

3–4 schwarze Pilze,
1 Tasse Glasnudeln,
50 g Hühnerbrust,
1 EL helle Sojasoße,
1 EL Reiswein,
2 Eier,
6 Tassen Hühnerbrühe,
1 TL Maisstärke, mit wenig Wasser
angerührt,
Salz, Pfeffer.

Die schwarzen Pilze ca. 15 Min. in Wasser einweichen, dann die Kappen in feine Streifen schneiden, das zweite Einweichwasser wegstellen.
Glasnudeln einweichen und fingerlang durchschneiden. Hühnerbrust in feine Streifen schneiden und mit der Sojasoße und dem Reiswein vermischen und beiseite stellen.
Eier verquirlen. Hühnerbrühe zum Kochen bringen, Pilzwasser und Pilze zugeben, dann das Hühnerfleisch. Dabei rühren, damit die Streifen nicht zusammenkleben.
1 Min. kochen. Die Eier einrühren, Nudeln zugeben und 1 weitere Min. kochen. Würzen und servieren.

Protein 40 g, Fett 25 g, Kohlenhydrate 25 g.
Kalorien 500 / Joule 2090.
Vorbereitungszeit: 10 Min.
Zubereitungszeit: 4 Min.

Rindsklösschensuppe

Niu Wan Tang

牛丸湯

Wenn Sie diese Suppe entgegen chinesischer Gepflogenheit Ihren Gästen als ersten Gang vorsetzen, machen Sie die doppelte Portion, sonst beklagen sich alle, daß es nicht gereicht hat.

Für die Klößchen:
200 g mageres Rindfleisch, fein gehackt,
1 Knoblauchzehe, fein gehackt,
2 EL Korianderblätter, fein gehackt,
1 EL dunkle Sojasoße,
2 Eiweiß (zu Schnee geschlagen),
1 EL Maisstärke,
1 TL Chilisoße
Salz, Pfeffer, Zucker, Glutamat.
Außerdem:
6 Tassen Fleischbrühe,
2–3 schwarze Pilze, in Streifen
geschnitten.
5–6 Spinatblätter, in Streifen geschnitten.

Zutaten für die Klößchen mischen und in einem Teller mit dem Löffel festdrücken.
Fleischbrühe zum Kochen bringen. Mit dem Löffel kleine Bällchen abstechen und in die kochende Brühe abstreifen. Löffel immer wieder in kaltes Wasser tauchen, damit die Klößchen nicht festkleben.
Pilze zugeben, 2 Min. kochen. Spinatblätter zugeben und noch 1 Min. kochen.

Protein 70 g, Fett 35 g, Kohlenhydrate 30 g.
Kalorien 730 / Joule 3055.
Vorbereitungszeit: 10 Min.
Zubereitungszeit: 10 Min.

Eiersuppe mit Tomaten
Fan Tzie Dan Tang

番茄蛋湯

Auch diese Suppe ist schnell zubereitet und bekommt durch den Spinat etwas mehr Gemüsegeschmack.

2 Tomaten,
6 Tassen Hühnerbrühe,
Salz,
Glutamat,
2 Eier, verquirlt,
einige geschnittene Spinatblätter,
1 TL Sesamöl.

Tomaten in Stücke schneiden und entkernen. Hühnerbrühe mit Tomaten zum Kochen bringen. Eine Prise Glutamat und Salz zugeben.
Die Eier dünn einfließen lassen (nicht in der Brühe verrühren). Spinatblätter zugeben und nach dem Aufkochen vom Feuer nehmen. Mit Sesamöl beträufeln.

Protein 25 g, Fett 20 g, Kohlenhydrate 15 g.
Kalorien 360 / Joule 1510.
Vorbereitungszeit: 5 Min.
Zubereitungszeit: 8 Min.

Eierblumensuppe
Dan Hua Tang

蛋花湯

Eine einfache und schnell zubereitete Suppe. Es empfiehlt sich, eine gute, aromatische Hühnerbrühe zu verwenden.

3 chinesische Pilze, 1 Tomate,
6 Tassen Hühnerbrühe,
1 Tasse Bambussprossen, in Streifen geschnitten,
Salz, Pfeffer, Glutamat, 3 Eier,
2–3 EL gekochte grüne Erbsen,
1 TL Sesamöl.

Pilze einweichen, dann in dünne Streifen schneiden. Tomate blanchieren, enthäuten und in Stücke schneiden. Brühe zum Kochen bringen. Bambussprossen, Pilze und Tomate zugeben. 2 Min. kochen lassen. Mit den Gewürzen abschmecken.
Verquirlte Eier stoßweise in die kochende Brühe geben, so daß sich kleine Fladen bilden. Erbsen zufügen und noch 1 Min. kochen. Sesamöl darüberträufeln.

Protein 30 g, Fett 30 g, Kohlenhydrate 10 g.
Kalorien 435 / Joule 1825.
Vorbereitungszeit: 5 Min.
Zubereitungszeit: 8 Min.

Gemüsesuppe
Tzai Tang

菜湯

(Zum Foto auf Seite 109)

Eine Suppe ohne Fleischzutaten, die trotzdem ausgezeichnet schmeckt. Sie können bei der Kombination des Gemüses Ihrer Phantasie freien Lauf lassen. Es bleibt immer eine chinesische Suppe, wenn Sie das Zubereitungsprinzip beibehalten: Das Gemüse kurz braten und in die kochende Fleischbrühe geben.

4–5 Tomaten, Öl zum Braten,
2–3 schwarze Pilze,
1 große Frühlingszwiebel, fein
geschnitten,
2 Tassen Kohl, fein geschnitten,
1 Tasse Karotten, in dünne Streifen
geschnitten,
1 Stück Sellerieknolle, in dünne Streifen
geschnitten,
2 EL Reiswein,
2 EL helle Sojasoße,
6 Tassen Hühnerbrühe,
Salz, Pfeffer, Glutamat, Tabasco,
$\frac{1}{2}$ TL Sesamöl, Petersilie.

Tomaten blanchieren, enthäuten, entkernen und in Stücke schneiden. Pilze einweichen. Öl in der Pfanne erhitzen. Frühlingszwiebel, Tomaten, Kohl, Karotten, Pilze und Sellerie darin 3 Min. braten. Mit Reiswein und Sojasoße ablöschen.
Hühnerbrühe erhitzen, das Gemüse zugeben und noch 1 Min. kochen. Würzen, Sesamöl hineinträufeln, mit Petersilie bestreuen und anrichten.

Protein 20 g, Fett 15 g, Kohlenhydrate 30 g.
Kalorien 345 / Joule 1445.
Vorbereitungszeit: 10 Min.
Zubereitungszeit: 10 Min.

Fischklösschensuppe
Yü Wan Tang

魚丸湯

Für diese Köstlichkeit können die hier erhältlichen Fischsorten genommen werden. Achten Sie besonders sorgfältig auf die Entfernung der Gräten. Die Suppe ist eine Spezialität Fukiens.

Für die Klößchen:
250 g Fischfilet,
1 TL frisch geriebener Ingwer,
1 EL Schalotte, fein gehackt,
3 EL Reiswein, 1 Eiweiß,
1 TL Zucker,
1 EL Maisstärke, 1 EL Schweinefett,
Glutamat, Salz.
Außerdem:
6 Tassen Hühnerbrühe,
$\frac{1}{2}$ Tasse fein geschnittene
Bambussprossen
$\frac{1}{2}$ Tasse Champignons, in feine
Scheiben geschnitten.

Fischfilet so fein wie möglich hacken. Mit den übrigen Zutaten für die Klößchen mischen. Die Mischung sollte pastös sein. Den Teig in einer Schüssel ein wenig zusammenpressen, mit einem immer wieder angefeuchteten Löffel kleine Klöße ausstechen und in einen Topf mit kaltem Wasser geben.
Den Topf mit den Klößchen langsam zum Kochen bringen. Sobald die Klöße oben schwimmen, einzeln herausnehmen und in eine Schüssel mit kaltem Wasser geben (damit sie nicht zusammenkleben).
Hühnerbrühe erhitzen und darin Bambussprossen und Pilze 2 Min. kochen. Die Fischklößchen dazugeben, aufkochen lassen, vom Feuer nehmen und servieren.

Protein 70 g, Fett 20 g, Kohlenhydrate 30 g.
Kalorien 595 / Joule 2490.
Vorbereitungszeit: 15 Min.
Zubereitungszeit: 20 Min.

Seegrassuppe

Tzi Tzai Tang

紫菜湯

50 g Schweinefleisch, Salz,
2 EL Reiswein,
50 g Seegras (getrocknet),
1 Ei, ¹/₃ Tasse Wasserkastanien aus der
Dose, grob geschnitten,
6 Tassen Brühe,
Öl zum Braten,
1 Knoblauchzehe,
¹/₃ Tasse grüne Erbsen,
¹/₃ Tasse Champignons, in Scheibchen
geschnitten,
Salz, Zucker, einige Tropfen Sesamöl.

Schweinefleisch in feine Streifen schneiden, salzen, mit dem Reiswein übergießen
und 10 Min. stehen lassen. Das Seegras
auseinanderziehen und in Wasser aufweichen. Das Ei in einer Tasse verquirlen.
Kastanien in die Brühe geben und zum Kochen bringen. Währenddessen Öl erhitzen,
Knoblauchzehe zerdrücken und kurz in der
Pfanne herumreiben und wieder herausnehmen. Das Schweinefleisch 10 Sek. braten und dann in die Brühe geben.
Seegras aus dem Wasser nehmen, abtropfen lassen und in die Brühe geben. Erbsen
und Champignons zufügen, und das geschlagene Ei einrühren. 1 Min. weiterkochen lassen, würzen, einige Tropfen Sesamöl darüberträufeln und servieren.

Protein 50 g, Fett 20 g, Kohlenhydrate 15 g.
Kalorien 450 / Joule 1885.
Vorbereitungszeit: 10 Min.
Zubereitungszeit: 4 Min.

Taubeneiersuppe

Go Dan Tang

鴿蛋湯

Eine extravagante, aber trotzdem einfach
zuzubereitende Suppe der Pekingküche.
Statt der Taubeneier können Sie auch die
Eier von Wachteln oder Zwerghühnern
nehmen.

100 g mageres Schweinefleisch,
1 EL dunkle Sojasoße,
1 EL Reiswein,
8–12 Taubeneier,
5 Tassen Fleischbrühe,
Öl zum Braten,
¹/₂ Tasse Bambussprossen, in feine
Streifen geschnitten,
1 Knoblauchzehe, fein gehackt,
1 Bund Wasserkresse, grob geschnitten,
Salz, Pfeffer, Glutamat,
einige Tropfen Sesamöl.

Schweinefleisch in feine Streifen schneiden. Sojasoße und Reiswein darüberträufeln und 15 Min. stehen lassen.
Eier 5 Min. kochen, abschrecken und vorsichtig schälen. Die Brühe zum Kochen
bringen und in dieser Zeit Öl in der Pfanne
erhitzen. Knoblauch und Bambussprossen
kurz anbraten, in die Brühe schütten, Eier
dazugeben und 2 Min. ziehen lassen.
Die Kresse zugeben und noch ¹/₂ Min. köcheln. Würzen, Sesamöl darüberträufeln.

Protein 60 g, Fett 40 g, Kohlenhydrate 20 g.
Kalorien 700 / Joule 2930.
Vorbereitungszeit: 5 Min.
Zubereitungszeit: 10 Min.

129

Sauer-scharfe Suppe
Suon La Tang

西发辣汤

100 g mageres Schweinefleisch,
1/2 Tasse Bambussprossen,
3 aufgeweichte Pilze,
1 Stück Lauch,
1 EL Mehl,
Salz, Pfeffer,
Öl zum Braten,
6 Tassen Hühnerbrühe,
10 g Glasnudeln,
50 g Krabben,
2 EL Maisstärke, mit Wasser angerührt,
2 EL Sojasoße, 2 EL Essig,
3 verquirlte Eier, 1/4 TL Glutamat,
Tabasco- oder Chilisoße.

Fleisch, Bambussprossen und Pilze in dünne Streifen, Lauch diagonal in Scheiben schneiden. Fleisch mit Mehl, Salz und Pfeffer bestreuen.
Öl im Topf erhitzen. Die Fleischstreifen darin kurz anbraten (20 Sek.). Hühnerbrühe zugeben, zum Kochen bringen. Nacheinander Gemüse, Pilze, Glasnudeln und Krabben zufügen. Dann die Stärke, Sojasoße und Essig. Die Eier einrühren, Glutamat einstreuen und 2 Min. kochen.
Nachwürzen und nach Geschmack Tabasco- oder Chilisoße zugeben. Während der Beigabe der Zutaten die Suppe immer am Kochen halten.

Protein 45 g, Fett 30 g, Kohlenhydrate 55 g.
Kalorien 690 / Joule 2890.
Vorbereitungszeit: 10 Min.
Zubereitungszeit: 8 Min.

Won-Tan-Suppe
Won Tan Tang

墨吞汤

Für die Füllung:
3/4 Tasse Spinat, gekocht, ausgedrückt und fein gehackt,
150 g mageres Schweinehack,
1/4 Tasse Koriandergrün, fein gehackt,
1 EL Maisstärke,
2 TL Reiswein,
1 TL Sojasoße,
5-Gewürz-Pulver.
Außerdem:
200 g Won-Tan-Teig (s. S. 106),
Hühnerbrühe, Petersilie oder Schnittlauch.

Zutaten für die Füllung gut mischen. Den dünn ausgerollten Teig in 7 × 7 cm große Stücke schneiden. Je 1 TL der Füllung auf die Teigquadrate geben, zusammenfalten, und die Kanten mit Wasser gut zusammenkleben (s. Zeichnungen).

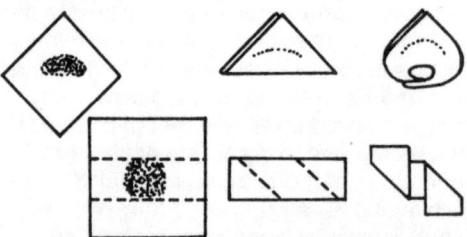

Die Won Tans in kochendes Wasser geben und 2 Min. kochen. In eine Terrine geben. Hühnerbrühe zum Kochen bringen. (In der Hühnerbrühe evtl. die unten angegebenen Zutaten 2 Min. kochen.) Die Won Tans zugeben und 6–7 Min. in der Hühnerbrühe

kochen. Gehackte Petersilie oder Schnittlauch einstreuen und servieren.
Der Suppe können noch gekochte grüne Erbsenschoten, einige Pilze oder Lauchstreifen beigegeben werden.

Protein 70 g, Fett 15 g, Kohlenhydrate 155 g.
Kalorien 1060 / Joule 4435.
Vorbereitungszeit: 35 Min.
Zubereitungszeit: 7 Min.

China-Topf
Dscha Hoe Tang

亲隹會湯

Eine Spezialität aus Schanghai. Nicht zu verwechseln mit dem Mongolen-Topf oder dem chinesischen Fleisch- und Gemüsefondue. Der China-Topf ist ein Arrangement von halbgaren Zutaten, die in einer Fleischbrühe vollends gegart werden. Die festen Bestandteile werden mit Stäbchen gegessen, die Fleischbrühe aus der Suppenschale getrunken. Als Gefäß eignet sich am besten der chinesische Feuertopf, doch können Sie sich auch mit einer halbflachen Schüssel oder einem Fonduegefäß behelfen. Der Topf sollte während des Essens über einem Rechaud heiß gehalten werden.

Für die Klößchen:
200 g Schweinefleisch, fein geschnitten,
1/2 TL frischer Ingwer, fein gehackt,
1 EL Reiswein,
2 EL Maisstärke,
1 Ei,
2 Knoblauchzehen, fein gehackt,
Salz, Pfeffer, Glutamat.

Außerdem:
Öl zum Fritieren,
80–100 g Austern,
150 g Garnelen,
6 schwarze Pilze,
6 Tassen Fleisch- oder Hühnerbrühe,
1–2 Stücke Bambussprossen, in feine Streifen geschnitten,
7 Kohlblätter,
10–12 Spinatblätter,
12 Wachteleier,
30 g Vermicelli, 1 EL Essig,
1 EL Sojasoße.

Zutaten für die Klößchen mischen und kleine Bällchen formen. Öl erhitzen und die Klößchen 5 Min. fritieren.
Austern aus der Schale nehmen, Bärte entfernen. Garnelen waschen, Schalen, Kopf und Darm entfernen. Pilze einweichen. Garnelen und Austern in einem Teil der Fleischbrühe kurz ankochen (falls frische verwendet werden).
Pilze, Bambussprossen, Kohlblätter und Spinat kochen, bis alles beinahe weich ist. Jedes Kohlblatt mit Spinatblätter belegen und einrollen. Die Rollen in 3 cm lange Stücke schneiden.
Wachteleier 5 Min. kochen und schälen. Vermicelli in warmem Wasser aufweichen und in 5 cm Länge schneiden.
Diese vorbereiteten Zutaten gruppenweise in einem Topf anordnen, die Brühe, Essig und Sojasoße zugeben und vollends gar kochen (noch 1–2 Min.).

Protein 120 g, Fett 45 g, Kohlenhydrate 70 g.
Kalorien 1200 / Joule 5010.
Vorbereitungszeit: 40 Min.
Zubereitungszeit: 10 Min.

Nachspeisen

Da ein Nachtisch als Abschluß des Essens in China nicht so gebräuchlich ist, ist die Rezeptanzahl hierfür im Vergleich zu den Suppen und Hauptgerichten nicht gerade überwältigend.
Selbstverständlich bekommt man in größeren Restaurants und Hotels in China ein Dessert, aber das ist häufig ein Zugeständnis an westliche Gäste und deren Eßgewohnheiten. Die Auswahl beschränkt sich oft nur auf Frischobst, Dosenfrüchte oder Kompott. Man sieht kaum einen Chinesen, der sich einen Nachtisch bestellt. Wenn man es nicht bei der am Schluß gereichten Suppe bewenden läßt, trinkt man allenfalls einen Tee. Dabei wird allerdings häufig Kleingebäck gereicht. Man kann dies also als eine Art Nachtisch betrachten.

Heisse Orangenschale
Dschi Pi Tang Sui
木橘皮米庶水

Normalerweise wird sie heiß gegessen, doch ist es keine große Sünde, sie kalt zu genießen.

4 Tassen Wasser, 1¹/₂ Tassen Zucker,
Saft von 3 Orangen,
3 Orangen, in Scheiben geschnitten,
3 EL Maisstärke, mit 3 EL Wasser
angerührt,
einige Cocktailkirschen.

Wasser mit Zucker zum Kochen bringen. Orangensaft und Orangenscheiben zugeben.
Rühren, bis der Zucker aufgelöst ist. Die angerührte Maisstärke einrühren, bis die Masse dick wird.
In eine Schale gießen und mit den Cocktailkirschen garnieren.

Protein –, Fett –, Kohlenhydrate 325 g.
Kalorien 1330 / Joule 5565.
Vorbereitungszeit: 2 Min.
Zubereitungszeit: 5 Min.

Mandelgelee
Sung Ren To Fu
杏仁＝豆腐

Das ist eines der bekanntesten Desserts der chinesischen Küche und sehr einfach herzustellen. Viele nehmen anstelle des Sirups auch Vanillezucker.

2 Blätter Gelatine,
¹/₂ Tasse Wasser,
1 Tasse Milch,
¹/₂ Tasse Zucker,
Mandelessenz,
¹/₂ Tasse Ananassaft,
¹/₂ Tasse Zucker,
1¹/₂ Tassen Wasser,
4 Ananasscheiben,
6 Kirschen.

Gelatine nach Gebrauchsanweisung einweichen. 1 Tasse Wasser zum Kochen bringen und die Gelatine darin auflösen. Milch, Zucker und einige Tropfen Mandelessenz einrühren. In eine flache Schüssel gießen und kalt stellen.
Ananassaft, Zucker und Wasser kochen, bis sich der Zucker aufgelöst hat. Kalt stellen.
Mandelgelee in Würfel schneiden. Mit dem Ananassirup übergießen und mit Ananas und Kirschen garnieren.

Protein 5 g, Fett 5 g, Kohlenhydrate 220 g.
Kalorien 965 / Joule 4040.
Vorbereitungszeit: 10 Min.
Zubereitungszeit: 5 Min.

Gedämpfte Kuchen
Dschi Dan Gao
雞蛋糕

Diese Kuchen haben eine gewisse Ähnlichkeit mit den hier bekannten Dampfnudeln. Sie sind in ganz China beliebt und werden normalerweise als kleiner Imbiß zum Tee genommen.

6 Eier,
6 EL Zucker, 6 EL Mehl,
2 EL Rosinen,
Mandelessenz,
kandierte Früchte.

Eier und Zucker mit dem Schneebesen schlagen. Mehl, Rosinen und ein paar Tropfen Mandelessenz zufügen und mischen. Kandierte Früchte in Würfel und Streifen schneiden.

6 feuerfeste Tassen einfetten. Auf dem Boden die kandierten Früchte dekorativ anordnen und den Teig darübergeben. Die Tassen in einem entsprechend großen Topf mit genügend Wasser 20 Min. dämpfen.
Die Kuchen vorsichtig aus den Tassen stürzen und anrichten.

Protein 45 g, Fett 35 g, Kohlenhydrate 140 g.
Kalorien 1080 / Joule 4520.
Vorbereitungszeit: 15 Min.
Zubereitungszeit: 25 Min.

Sesambällchen
Kai Ko Siao
開口笑

Eine Art Gebäck, das Sie als Dessert oder nach Tisch zum Tee servieren können. Am besten schmecken sie frisch aus dem Topf.

125 g Zucker,
2 EL Wasser,
2 Eier,
1 EL Schweinefett,
250 g Mehl,
je eine Messerspitze Backpulver und
Bikarbonat,
100 g Sesamsamen,
Öl zum Fritieren.

Den Zucker mit dem Wasser verrühren. Die Eier verquirlen und mit der Zuckerlösung und dem Schweinefett gut verrühren. Mehl einrühren, Backpulver und Bikarbonat zugeben und einen geschmeidigen Teig rühren und kneten.
Aus dem Teig mit der Hand kleine Bällchen,

etwas kleiner als Pingpongbälle, formen und in dem Sesamsamen wälzen, damit sie ringsum bedeckt sind.
Öl stark erhitzen und die Bällchen hineingeben. Fritieren, bis sie sich ausdehnen und bersten. Aus dem Öl nehmen, abtropfen lassen und servieren.

Protein 70 g, Fett 70 g, Kohlenhydrate 300 g.
Kalorien 2160 / Joule 9040.
Vorbereitungszeit: 10 Min.
Zubereitungszeit: 5–10 Min.

Glasierte Bananen

Siang Tziao Tang Sui

香蕉米唐水

4 Bananen, 3/4 Tasse Zucker,
1/3 Tasse Wasser, 1 EL Zitronensaft,
Öl zum Braten,
2 EL Sesamsamen,
1 Schüssel mit Eiswürfel
und Wasser.

Die Bananen schälen und diagonal in 1,5 cm dicke Scheiben schneiden. Zucker mit Wasser und Zitronensaft erhitzen und rühren, bis sich der Zucker aufgelöst hat.
Eine Platte zum Servieren mit ein wenig Öl bestreichen. Öl in der Pfanne erhitzen und die Bananenscheiben auf beiden Seiten goldbraun backen.
Die Scheiben auf die eingeölte Platte geben und mit dem Sesamsamen bestreuen. Den Sirup darübergießen und mit der Schüssel Eiswasser servieren.
Nun nimmt sich jeder mit den Stäbchen oder einer Fonduegabel ein mit dem Sirup

umhülltes Bananenstückchen und taucht es in das Eiswasser. Die Siruphülle wird durch das eisige Wasser sofort hart und knusprig.

Protein 5 g, Fett 10 g, Kohlenhydrate 200 g.
Kalorien 930 / Joule 3890.
Vorbereitungszeit: 5 Min.
Zubereitungszeit: 8 Min.

Gedämpfter Zitronenkuchen

Ling Mong Dan Gao

柠檬蛋米羔

4 Eier, 1 Tasse Zucker,
1 EL geriebene Zitronenschale,
1/2 TL Zitronenextrakt,
1 Tasse Mehl,
1/2 TL Backpulver,
1/2 TL Salz.

Eiweiß und Eigelb getrennt in Schüsseln geben. Das Eiweiß zu Schnee schlagen, den Zucker zugeben und weiter schlagen, bis das Eiweiß steif ist. Eigelb rühren und mit der Zitronenschale und dem Extrakt gut vermischen.
Zu dem Eigelb nacheinander das Eiweiß, dann langsam das Mehl, Backpulver und Salz unterrühren und sorgfältig mischen. In eine eingefettete Schüssel geben und 30 Min. dämpfen. Herausnehmen und in Scheiben schneiden.

Protein 50 g, Fett 20 g, Kohlenhydrate 340 g.
Kalorien 1785 / Joule 7460.
Vorbereitungszeit: 15 Min.
Zubereitungszeit: 30 Min.

Kokosnuss-Reispudding

Ye Dschi Gao

木耶子米羔

Eine Art Auflauf, der heiß gegessen wird. In Hainan, der südchinesischen Kokosinsel, wird er nicht nur als Nachtisch, sondern auch wie viele Reisbreiarten zum Frühstück gegessen. Man nimmt dann statt der kandierten Früchte frische der Saison. Erst als das Gericht sich nach Norden ausbreitete, wo es nicht das ganze Jahr die geeigneten frischen Früchte gibt, behalf man sich außerhalb der Erntezeiten mit getrockneten oder kandierten Früchten.

2 Tassen Wasser, inklusive der Milch einer Kokosnuß,
100 g geraspelte Kokosnuß,
1¼ Tassen süßer Reis,
200 g kandierte Früchte,
½ Tasse rote, süße Bohnenpaste.

Das Wasser mit der Kokosmilch und den Kokosflocken erhitzen, bis es beinahe kocht. 1 Std. stehen lassen.
Den Reis gut spülen. Mit den Kokosflocken und Wasser mischen, erhitzen und 4 Min. kochen, dann erkalten lassen. Eine genügend große Schüssel einfetten und auf dem Boden die Früchte dekorativ auslegen. Darauf vorsichtig die Hälfte der Reismischung geben, so daß die ausgelegten Früchte nicht durcheinander kommen.
Die Oberfläche mit dem Löffel glattstreichen und die Bohnenpaste darüberspachteln. Als letztes den Rest der Reismischung darübergeben. Das Ganze etwa 45 Min. dämpfen.

Den Pudding mit einem Messer am Rand von der Schüssel lösen und auf eine Platte stürzen.

Protein 40 g, Fett 50 g, Kohlenhydrate 320 g. Kalorien 1940 / Joule 8110.
Vorbereitungszeit: 10 Min.
Zubereitungszeit: 60 Min.

Honig-Nüsse

Fong Mi Hu Tao

才四峰蜜胡桃

Diese kalorienreiche süße Knabberei kommt von Sutschao.

200 g Walnußkerne,
½ TL Salz,
2 EL Honig, 2 EL Zucker,
Öl zum Braten.

Die Nüsse mit dem Salz und Wasser übergießen, so daß sie gerade bedeckt sind. Stehen lassen, bis sich die Haut leicht abziehen läßt. Auf einem Tuch trocknen lassen.
Die Nüsse im Honig wälzen und 2 Tage stehen lassen. Vor dem Braten den Honig von den Nüssen tropfen lassen und die mit einer dünnen Honigschicht überzogenen Nüsse allseitig mit Zucker bestreuen. Öl in der Pfanne erhitzen und die Nüsse goldbraun braten.

Protein 30 g, Fett 130 g, Kohlenhydrate 85 g. Kalorien 1680 / Joule 7025.
Vorbereitungszeit: 15 Min.
Zubereitungszeit: 5 Min.

ABC wichtiger chinesischer Zutaten

Abalone
Das Fleisch dieser Tiefseemuschel ist in Dosen erhältlich. In einem geschlossenen Glas, mit dem eigenen Saft bedeckt, 4 bis 6 Tage im Kühlschrank haltbar. Es braucht nur erhitzt zu werden. Nicht kochen, sonst wird es gummiartig zäh.

Agar-Agar
Ein aus Meeresalgen hergestelltes Geliermittel. Kann auch durch Gelatine ersetzt werden.

Algen
Getrocknet zu kaufen. Dienen zur Geschmacksverbesserung, besonders bei Fischgerichten.

Austernsoße
Hergestellt aus Austernextrakt, Soja und Salz. Man verwendet sie zum Würzen von Fischgerichten und zum Dippen. Im Kühlschrank lange haltbar.

Bambussprossen
Die Schößlinge des Bambus. In Dosen erhältlich. Im Kühlschrank mit dem Dosensaft bedeckt etwa eine Woche haltbar. Außer diesen normalen, gibt es in Dosen noch gebackene und gesalzene und getrocknete Spitzen.

Bohnen, schwarze
Die fermentierten und gesalzenen Bohnen sind in Dosen erhältlich. Sehr lange haltbar. Man muß darauf achten, daß das Gericht nicht zu salzig wird. Deshalb unter Umständen die Bohnen vor Gebrauch mit Wasser abspülen.

Bohnenpaste
Es gibt verschiedene Arten: süße, gesalzene und fermentierte, aus roten oder weißen Sojabohnen. Erhältlich in Dosen oder Gläsern.

Bohnenquark
Hergestellt aus Sojabohnenmilch. Es gibt verschiedene Arten. Frischen Quark, gesalzenen, fermentierten gerösteten, gepreßten usw. Der fermentierte und gesalzene Quark wird auch aus roten Bohnen hergestellt, der geschmacklich etwas verschieden ist. In einschlägigen Geschäften sind einige Sorten zu bekommen. Siehe auch Sojabohnenmilch.

Bohnensoße
Hergestellt aus gelben oder roten Bohnen, Mehl und Wasser. Verschlossen mehrere Wochen im Kühlschrank haltbar. Die rote Soße wird häufig verwendet, besonders für Schweinefleisch und Krustentiere.

Bohnensprossen

Es gibt zwei Arten: Die Keimlinge der Sojabohne und die der Mungabohne. Sehr vitaminreich. Schmecken frisch am besten, die Dosenware eignet sich höchstens zum Kochen oder Braten, weniger zu rohem Salat. Neuerdings gibt es in Reformhäusern Gefäße, in denen man selbst die Sprossen ziehen kann. Im Plastikbeutel sind sie im Kühlschrank einige Tage haltbar. In der gepflegten chinesischen Küche entfernt man vor Gebrauch die kleinen Würzelchen und am Kopf die Reste der Samenbohne. Man kann aber ohne weiteres auf diese zeitraubende Arbeit verzichten.

Chilipaste

Wird auch als Setschuanpaste bezeichnet. Hergestellt aus Chilischoten, Salz und Knoblauch.

Chilisoße

Es gibt scharfe und süße. Die chinesische Chilisoße ist scharf und kann durch Tabasco ersetzt werden.

Chinakohl

Hier auch als Hongkong-Gemüse bekannt. In China gibt es noch andere Kohlsorten, wie den Selleriekohl, Bak Tschoy u. a.

Chinesische Nudeln

Es gibt folgende Arten von Nudeln:
Eiernudeln, sie werden aus Weizenmehl hergestellt und entsprechen hiesigen Produkten.
Reisnudeln, diese gibt es in verschiedenen Arten und Formen. Hergestellt werden sie aus Reismehl. Sie müssen vor dem Kochen in kaltem Wasser eingeweicht werden.

Vermicelli, diese sehr dünnen Fadennudeln sind ebenfalls aus Reismehl hergestellt. Sie brauchen nicht eingeweicht zu werden und sind sehr schnell gar.
Glasnudeln (Fun Tse), auch Cellophannudeln genannt, werden aus der Mungabohne hergestellt.
Da es zahlreiche verschiedene Sorten gibt, empfiehlt es sich, unbedingt die meist auf der Verpackung aufgedruckte Kochanweisung durchzulesen.

Chinesische Pilze

Chinesische Pilze erhält man hier in Dosen oder getrocknet. Die getrockneten müssen vor Gebrauch gründlich gewaschen werden, besonders die Morcheln, da sie meist sehr sandig sind. Danach werden sie in kaltem Wasser 20 Minuten bis 2 Stunden eingeweicht. Das Einweichwasser nimmt man zu Suppen und Soßen von Gerichten, die als Zutat Pilze vorsehen. Bei den Hutpilzen schneidet man den holzigen Stiel weg.
Schwarze Pilze (Hsiang Tschan), Hutpilze in verschiedenen Sorten. Der beste ist der Winterpilz (Dang Gu) und der Blumenpilz (Fa Su). Dieser schwarze Pilz hat auf der Kappe helle Risse und eignet sich sehr gut für Suppen.
Strohpilze, ein Hutpilz, der hier in getrocknetem Zustand erhältlich ist.
Morcheln sind ebenfalls getrocknet erhältlich. Die Morcheln gehen beim Einweichen sehr stark auf.
Baumohren (Mu Er), ein Baumpilz, der hauptsächlich in Setschuan vorkommt.
Wolkenohren (Wan Yi), ein Pilz wie die Baumohren, jedoch größer und heller.
Silberohren (Pai Mu Er) ähnlich den Baumohren, jedoch verschieden im Geschmack.

Sie werden in China zu Gesundheitstonikum verwendet.
Steinohren, ein Speisepilz, der auf Felsen wächst.

Erdnußpaste
Meist getrocknet mit verschiedenen Gewürzen zum Anrühren mit Wasser. Wird nur im Süden verwendet.

Fischsoße
Im Süden gebräuchliche Soße aus Fischextrakt und Gewürzen. Dient zum Würzen von Fischgerichten und -suppen. Sie ist sehr salzig, hat einen feinen Fischgeschmack und ist gut verschlossen im Kühlschrank lange haltbar.

5-Gewürz-Pulver
Häufig verwendete Gewürzmischung aus Sternanis, Nelken, Pfeffer, Zimt und getrockneten gemahlenen Mandarinenschalen oder statt den letzteren Fenchelsamen.
Man kann es selbst im Mixer in folgendem Verhältnis herstellen: 60–80 Pfefferkörner, 4 ganze Sternanis, 1 gehäufter Teelöffel Fenchelsamen, 12 Nelken und eine 6–8 cm lange Zimtstange.
Eine Variante ist folgende Mischung: je 1 Teelöffel Nelken, Zimt, Anis, Thymian und eine Prise Ingwer mischen und fein mahlen. Halb und halb mit Salz gemischt, sollte es auf dem Tisch zum Nachwürzen stehen.

Glutamat
s. Monosodium-Glutamat.

Haifischflossen
Hier meist nur als Fertiggericht in Dosen erhältlich. Seltener in getrocknetem Zustand.

Hoi-Sin-Soße
Hoi-Sin-Soße ist eine Bohnensoße, der Zucker, Knoblauch und andere Gewürze beigegeben sind. Sie ist eine der bekanntesten Soßen in China. Außer zum Kochen verwendet man sie viel als Tunke zu Fischgerichten und Pekingente.

Ingwer
Wurzelknolle, die neuerdings hier das ganze Jahr über frisch erhältlich ist. Sie dient zum Würzen, wird in China auch in den Tee getan. In einem Plastikbeutel im Kühlschrank, im Keller unter Sand, auch in einem geschlossenen Glas in Weißwein, längere Zeit haltbar.
Ingwer gibt es auch kandiert und in Sirup, man verwendet diese Art mehr zu Süßspeisen und Backwerk. Ingwerpulver kann nicht als Ersatz für frischen Ingwer verwendet werden.

Krupuk
Knusprig gebackene Chips aus getrocknetem und gemahlenem Fisch, Mehl und Gewürzen. Stammt aus Indonesien und wird in Südchina lediglich als Beilage zum Knabbern verwendet.

Lotusnüsse
Samen der Lotuspflanze. In Dosen oder getrocknet erhältlich. Auch in Sirup eingelegt. Wenn man letztere nicht für Süßspeisen verwendet, kann man sie abspülen.

Maisstärke
Unter verschiedenen Namen erhältlich.

Wird häufig verwendet zum Panieren, Marinieren, Eindicken von Suppen und Soßen, Binden von Hackfleisch und dergleichen. Im Gegensatz zum Mehl hat es keinen eigenen Geschmack, die Speisen schmecken daher nicht »mehlig«.

Monosodium-Glutamat

In China unter dem Namen Vet Sin bekannt. Ein weißes Pulver aus Getreideprotein hergestellt. Es dient zur Geschmacksintensivierung von Speisen, hauptsächlich von Gemüsen.

Reiswein

Ein aus Reis hergestellter Wein. Auch Shao-Hsing-Wein genannt. Kann durch trockenen Sherry ersetzt werden.

Sambal

Eine Chilisoße mit Gewürzen und Extrakten in zahlreichen Variationen. In der chinesischen Küche wird fast nur die sehr scharfe Art verwendet.

Schwalbennester

Hier nur in Dosen als fertiges Gericht erhältlich.

Seegras

Nur getrocknet erhältlich. Wird häufig für Suppen verwendet.

Sesamöl

Wird aus Sesamsamen gewonnen. Im Gegensatz zum normalen Sesamöl wird das chinesische aus gerösteten Samen hergestellt und ist im Geschmack verschieden. Für die Rezepte sollte nur das chinesische Öl verwendet werden, oder man läßt es weg. Es muß kühl aufbewahrt werden, sonst kann es nach einiger Zeit ranzig werden. Als Würzzutat sollte man es erst zum Schluß zugeben, da es beim Braten oder Kochen sein feines Aroma verliert.

Sesampaste

Auch hier sollte nur die chinesische aus gerösteten Samen verwendet werden. Als Ersatz kann man evtl. Erdnußbutter nehmen. Die Paste ist mehrere Monate haltbar.

Setschuangemüse

Gepökelter Kohl in Dosen. Stark gesalzen, daher vor Gebrauch wässern. Sehr lange haltbar. Kann evtl. durch Sauerkraut ersetzt werden.

Setschuanpfeffer

Kapselartige Frucht von der Größe eines Pfefferkorns. Die enthaltenen Kardamome verleihen ihm ein eigenartig würziges Aroma. Getrocknet erhältlich. Gemahlen und mit Salz vermischt, gibt es das Setschuan Pfeffersalz.

Sojabohnen

Frische Sojabohnen schmecken ausgezeichnet. Leider gibt es hier in Europa nur die getrockneten.

Sojabohnenmilch

Der Extrakt gemahlener, mit Wasser angesetzter Sojabohnen. Der Brei kommt in ein Tuch und wird ausgedrückt. Die milchige Flüssigkeit wird kurz gekocht, um den starken Bohnengeschmack zu beseitigen. Die Milch wird heiß getrunken und wird wie normale Milch aufbewahrt. Sie enthält den größten Teil der in den Bohnen vorhandenen Proteine. Beim Kochen bildet sich oben eine Haut, die, getrocknet, als Zutat für bestimmte Gerichte verwendet wird. Wenn man der Milch ein Gerinnungsmittel zugibt, entsteht eine Art Quark, der heiß oder kalt mit Sojasoße oder dickem Fruchtsaft gegessen wird. Wenn man diese dicke Milch einige Zeit ruhen läßt und dann das sich gebildete Wasser ableert, hat man den normalen frischen Bohnenquark.

Sojapaste
Ähnelt der Sojasoße. Eine dickflüssige salzige Soße zum Würzen und Dippen. Es gibt sie mit oder ohne Chili.

Sojasoße
Es gibt helle und dunkle Sojasoße. Für Suppen und weißes Fleisch verwendet man vorwiegend die helle, sonst die dunkle. Es sind zahlreiche Variationen auf dem Markt, in Bezug auf Konzentration und Gewürzbeigaben. Daher sollte man sich vor Verwendung über die Zusammensetzung orientieren, insbesondere ob Zucker oder Salz beigegeben ist. Dementsprechend muß man die Salz- oder Zuckerbeigabe zum Gericht abstimmen. Helle Sojasoße kann man durch dunkle ersetzen, man nimmt etwas weniger oder verdünnt sie. Chinesische Sojasoße ist gesalzen. Sojasoße ist sehr lange haltbar.

Sternanis
Im Geschmack anders, bitterer und rezenter als normaler Anis, daher durch diesen nicht zu ersetzen. Er wird viel beim Rotkochen von Fleisch verwendet.

Strohpilze
Nur in Dosen. Haben kein so starkes Aroma wie die getrockneten schwarzen Pilze. Geöffnet sind sie nur kurz haltbar. Können durch Champignons ersetzt werden.

Vet Sin
s. Monosodium-Glutamat

Vogelnester
Die Nester kommen von den südpazifischen Inseln. Dort werden sie von einer Schwalbenart aus Seegras in Felsnischen gebaut. Man verwendet sie hauptsächlich für die berühmte Vogelnestersuppe.

Wasserkastanien
Es gibt sie in Dosen und getrocknet. Die getrockneten müssen geschält und aufgeweicht werden. Auch gemahlen oder als Paste erhältlich. Als Ersatz kann man Maroni verwenden.

Wasserkastanienmehl
Aus Wasserkastanien hergestellt. Dient zum Binden von Speisen.

Würzsalz
Ein Gemisch aus Pfeffer und Salz. Es kann auf folgende Art selbst gemacht werden: Eine halbe Tasse schwarze Pfefferkörner in einer trockenen Pfanne erhitzen, bis sie rauchen. In einen Mixer geben, 5 Eßlöffel Salz zugeben und fein zermahlen.

Rezeptverzeichnis